Eckehard Lachnitt

Heilmeditation im Rhythmus des Jahres

W

Eckehard Lachnitt

Heilmeditation im Rhythmus des Jahres

Eine praktische Übungsanleitung

Walter-Verlag
Solothurn und Düsseldorf

Die Deutsche Bibliothek – CIP-Einheitsaufnahme

Lachnitt, Eckehard:
Heilmeditation im Rhythmus des Jahres : eine praktische
Übungsanleitung / Eckehard Lachnitt. –
Solothurn; Düsseldorf: Walter, 1995
ISBN 3-530-50220-0

Satz: Fotosatz Moers, Mönchengladbach
Druck und Einband: Clausen & Bosse, Leck
Printed in Germany
ISBN 3-530-50220-0

Phantasie ist der Goldglanz,
der über dem Dasein liegt
und es über das Grau
des Alltags erhebt.

Wladimir Lindenberg

Vernunft ist durch Phantasie
erweiterter Verstand.

Franz Grillparzer

Die Phantasie ist das Vermögen
der Freiheit im Menschen.

José Ortega y Gasset

Inhalt

EINFÜHRUNG IN DIE HEILMEDITATION

1. Teil

2. Teil

3. Teil

DIE IMAGINATIONEN

Anhang

Einführung in die Heilmeditation

Buddha sprach zu den Menschen,
die zu ihm gekommen waren.
Er sagte: «Wenn ihr euer Wesen
ganz mit Liebe erfüllen wollt, so
entfacht die Liebe, die in euch wirklich lebt.»
Da trat ein alter Mann an ihn heran
und sprach: «Ich liebe nur mein Schaf.
Es ist alles, was ich habe.»
Buddha antwortete ihm: «So entfache
die Liebe, die dadurch in dir lebendig ist,
daß du dein Schaf liebst.»

I. Teil

Imaginationstraining als Hinführung zur Symbolmeditation

Warum gehen wir so gerne in den Wald, fahren an einen See oder in die Berge? – Wir suchen die Nähe der Natur, deren Schönheit unser Herz berührt und es mit Freude, Liebe und Friede erfüllt. Ihr Zauber wurde zu allen Zeiten eingefangen in Liedern und Gedichten.
In diesem Buch führt ein weit gespannter Bogen von Imaginationen, das heißt von skizzenhaften Naturbeschreibungen, durch die Vielfalt des Lebens in den Jahreszeiten; vom Frühlingserwachen zum sonnendurchfluteten Sommer, vom goldenen Herbst zur weißen Pracht des Winters. Wanderungen zeigen Wege durch die Welt.
Wenn wir uns in entspanntem Zustand diese Schilderungen lebendig vorstellen und bei den Wanderungen innerlich mitgehen, dann durchdringen wir unser Gemüt mit ihrem Gehalt. Das ist Imaginationstraining. Wenn wir anschließend in der so entstandenen Stimmung verweilen, dann meditieren wir.
Jedes Motiv erschließt ein Symbol. So wird das der Außenwelt entlehnte Bild durchscheinend für das Geistige. Die innere Wanderung wird zur Symbolhandlung, zur Pilgerfahrt, zu einem spirituellen Ziel.

Vom Bild über das Wort zur geistigen Stille

Dieser Meditationsweg hat seinen Ausgangspunkt immer bei einer Imagination. Aber er führt weiter. Wenn uns das Bild gegeben hat, was es geben kann, lassen wir jede Vorstellung los und atmen Worte ein wie Licht, Leben, Liebe, Ruhe, Stille, Friede, die den Gehalt der Imaginationen jeweils zusammenfassen. Die Wortmeditation trägt uns nun weiter, bis sie uns ihrerseits der geistigen Stille überläßt, wo jedes eigene Tun aufhört.

Ich bin – der Kernsatz personaler Meditation

All das Schöne, das wir in Bild- und Wortmeditation erleben, wird mit unserem existentiellen Ich-Bewußtsein verbunden. Das Empfinden, der einmalige Mensch zu sein, der wir im Laufe unserer persönlichen Geschichte geworden sind, wird durch den kurzen Satz «Ich bin» wachgerufen und hineingetaucht in Worte von absolutem Wert wie Leben, Liebe, Friede. Bei dieser spirituellen Taufe übergeben wir unser Dasein dem SEIN und gewinnen es erneuert zurück. Solch eine Entwicklung kann sich voll entfalten, wenn wir bereit sind, uns mit unseren Schattenkräften auseinanderzusetzen. Aber den Kampf mit dem Dunklen und Bösen können wir eben dadurch bestehen, daß wir die zentrale psychische Funktion des Ich auf den Plan rufen und es durch die Verbindung mit dem Lichten und Guten stärken.

Die Meditation als Begleiterin durch das Leben

Wenn wir die Meditation zu unserer Begleiterin durchs Leben wählen, hält sie uns im Inneren lebendig und wird zur Quelle der Kraft für die äußeren Aufgaben.
Unruhe und Streß, die der Verkehrslärm unserer Städte und der oft hektische Betrieb am Arbeitsplatz in uns erzeugen, löst sie auf in Ruhe und Stille. Wie oft laufen Arbeitsvorgänge nach einem stereotypen Schema ab, sind automatisiert, können nur durchgeführt werden, wenn unser Gefühl ausgeschaltet wird! Solche Routine, der wir tagtäglich ausgesetzt sind, tendiert dazu, auch uns in gewisser Weise automatisch funktionieren zu lassen, etwas Roboterhaftes in uns entstehen zu lassen. Dieser Gefahr wirkt die Meditation entgegen, indem sie unsere innere Lebendigkeit erneuert und uns Freude schenkt. Wenn berufliche Leistungsanforderungen hoch sind und wir, am Ende eines strapaziösen Arbeitstages erschöpft, völlig abschalten wollen, dann bietet die Meditation dafür die optimale Möglichkeit! Wer kennt nicht jenes unablässige Kreisen der Gedanken um ein ungelöstes Problem, sei es beruflicher oder privater Natur, das man gerne loswerden möchte, aber nicht loswerden kann! In diesem Fall brauchen wir eine ausgefeilte Psychotechnik, wie wir sie in der Meditation finden. Konflikte am Arbeitsplatz, mit Kollegen, mit dem Chef, in Ehe und Familie sind die natürlichste Sache der Welt, weil sie divergierende Interessenslagen widerspiegeln. Böse werden sie nur, wenn sie zu Feindseligkeit, dauernder Feindschaft oder zum Bruch der Beziehungen führen. Hier sind Kraft zum affektfreien Durchstehen der Differenzen, der Geist der Versöhnlichkeit und die Bereitschaft zum Ausgleich vonnöten. Und

die können nur von innen kommen. Damit die innere Kraftquelle aber nicht versiegt, muß der Zugang zu ihr beständig erneuert werden.
Leben ist Gefahr. Wenn wir mit dem Auto wegfahren, wissen wir nie, ob wir auch heil zurückkommen. Wie viele Menschen bangen um die Erhaltung ihres Arbeitsplatzes! Wie oft erleben wir, daß ein naher Verwandter oder Bekannter in jungen Jahren unheilbar krank wird oder stirbt! Dies muß ja ein tiefes Gefühl der Ungesichertheit in uns hervorrufen, denn das Unglück kann jederzeit auch uns treffen. Es sei denn, wir finden eine letzte Sicherheit und Geborgenheit in einer inneren Welt, die uns trägt.

Ein vertieftes inneres Leben systematisch zu entwickeln lohnt sich auch um seiner selbst willen.

Die westliche Kultur ist in einseitiger Weise nach außen orientiert. Es wird als normal empfunden, selbst seine Freizeit ausschließlich in irgendeiner Form äußerer Aktivität zu verbringen. Es ist deshalb kein Wunder, wenn innere Entwicklungsmöglichkeiten vernachlässigt werden und schließlich verkümmern. Das daraus entstehende Ungleichgewicht kann sich in einem allgemeinen, oft nicht näher definierbaren Ungenügen zeigen: an einem Leben, das sich im Äußeren erschöpft, auch wenn – und gerade wenn – es angenehm, gesichert und problemfrei ist. Diesem Sog der Außenwelt setzt die Meditation als Gegengewicht eine Kultur der Innerlichkeit entgegen. Die Wirklichkeit, der wir begegnen, wenn wir uns nach innen wenden, ist unser Gefühl. Gefühl zu haben, Gefühle zu zeigen wird oft belächelt, als minderwertig abgetan. Ein vernachlässigtes Gefühl ist tatsächlich minderwertig, entweder unterentwickelt, kalt und roh, aber auch unkontrolliert überschießend, sentimental oder gehässig. Ein Beispiel dafür ist das vielzitierte «emotionale Reagieren», das zu Recht kritisiert wird, aber besser mit Affektgetriebenheit bezeichnet werden sollte und sich auch und gerade bei sogenannten Gebildeten zeigt. Meditieren heißt, Herr im eigenen Haus werden zu wollen, und dies ist nur über Kontrolle, aber auch durch bewußte und systematische Pflege des Gefühlslebens möglich. In geeigneter Weise negative Gefühle abzustreifen, verebben, sich totlaufen zu lassen und Zustände der Ruhe, der Stille, der Freude, der Lebendigkeit, ja der Liebe und des Friedens zu erzeugen und in ihnen zu verweilen ist Ziel der meditativen Praxis. Auf diese Weise erhält das Unbewußte im Laufe der Zeit eine positive Grundtönung, die sich auch bewährt, wenn wir von einem Schicksalsschlag getroffen werden. Der amerikanische klinische Psychologe und Professor für Psychologie Arnold Lazarus berichtet in seinem Buch *Innenbilder*[1] von zwei Sportlern, die in einen Verkehrsunfall verwickelt und schwer verletzt wurden. Von der Aussicht, nie mehr im Leben Sport treiben zu können, war der eine völlig deprimiert und hoffnungslos, der andere begann sich für Brettspiele wie Schach zu interessieren, wo seine Neigung zu Wettbewerbssituationen auch zum Zuge kommen konnte. Seine starke innere Lebendigkeit hatte ihn eine neue zukünftige Möglichkeit sportlicher Betätigung suchen und finden lassen. Man könnte auch sagen, sein inneres Programm war positiv eingestellt. Welch ein Glück, so ein Naturell zu besitzen! Und was tut jemand, der es nicht hat? Er kann sich selbst programmieren, um ausnahmsweise einen so technischen Begriff im Zusammenhang mit der menschlichen Seele zu gebrauchen. Meditation ist die systematische, auf verfeinerter «Innentechnik» beruhende Form positiver Selbstprogrammierung. Je eher man im Leben damit anfängt, um so besser.

Zukunftsoptimismus, auch wenn das eigene Leben bedrängt ist und trotz des bedenklichen Zustandes der Welt, wird das Ergebnis konsequent eingehaltener Meditationspraxis sein. Für einen älteren Menschen, der die Lebensmitte, den Höhepunkt seines Lebens, bereits überschritten hat, ist es beglückend, bei der Meditation in sich immer von neuem das Einwirken von Lebenskräften zu spüren. Obwohl ihm zunehmend bewußt wird, daß sein physisches Leben auf eine Grenze zuläuft, sieht er Zukunft vor sich, auch wenn er sie nicht genauer definieren kann, ganz einfach weil in ihm eine Form von Leben da ist, die an Intensität zunimmt.

Ein Quell des Glücks erschließt sich uns, wenn die Meditation unser Leben in einer Weise bereichert, wie es äußere, auch günstige Lebensumstände nicht können.

Zunehmende Ganzwerdung ist das Ergebnis langjähriger Meditation. Durch aktive Übungsphasen geben wir dem Unbewußten geistige Nahrung, formen es in positiver Weise. Durch Phasen der Passivität heben wir die Abkapselung des Bewußtseins vom Unbewußten auf und geben ihm Gelegenheit, sich mitzuteilen. Auf diese Weise erfahren wir mehr und mehr, was wir im tiefsten Inneren wollen und wer wir eigentlich sind. Ohne diesen lebendigen Austausch wird unser Selbstbild zu sehr davon bestimmt, was andere Leute über uns denken, bestimmt von äußerer Kritik, aber auch von der Anerkennung einer uns nicht gemäßen Handlungs- und Lebensweise.

Meditation entwickelt die Fähigkeit, eine dauernde schwere Lebenssituation leichter zu ertragen.

Wer hat noch nicht, zumindest für kurze Zeit, die Einsamkeit kennengelernt, jenes Frieren der Seele, jenes Gefühl, daß das Leben an einem vorbeifließt, ohne daß man an ihm Anteil hätte! Für viele Menschen ist die Einsamkeit ein ständiger Begleiter. Sie sind in Gefahr, jegliche Freude am Leben zu verlieren, sich nutzlos und sogar wertlos zu fühlen. Dem Einsamen gibt die Meditation Geborgenheit in seinem Inneren, Freude durch das Leben, welches er dort spürt, und Aufwertung seiner Person durch den Kontakt mit freundlichen inneren Gestalten, die zu ihm sprechen.

Menschen in therapeutischen und sozialen Berufen, die täglich neue Kraft aus ihrem Inneren brauchen, um anderen zu helfen, möchte ich die Meditation besonders ans Herz legen.

Wenn ich auch Behinderten und chronisch Kranken die Meditation empfehle, so fühle ich mich dazu insofern berechtigt, als ich am eigenen Leib erfahren habe, was es heißt, jahrelang eine gesundheitliche Belastung tragen zu müssen, aber auch, welche Hilfe die Meditation in dieser schwierigen Lebenslage darstellt.

Ich möchte mich grundsätzlich darauf beschränken, nur von solchen negativen Erfahrungen im Leben und positiven Erfahrungen in der Meditation zu sprechen, die ich selbst gemacht habe.

Aus dem bisher Gesagten dürfte schon klargeworden sein, daß ein Mensch, der regelmäßig meditiert, das Leben nicht mehr als sinnlos, sich selbst nicht mehr als nutzlos empfinden kann. Wer erlebt, daß er sich unter dem Einfluß von Lebenskräften aus seinem Inneren dauernd weiterentwickelt, dessen Leben ist einfach sinnerfüllt.

Ein neuer Meditationsweg für Anfänger und Fortgeschrittene

Einen Großteil der vorliegenden Imaginationen habe ich zur Verwendung in einem Meditationskurs geschrieben, den ich für Kinder und Jugendliche gehalten habe. Daraus erklärt sich die Einbeziehung von Motiven, die besonders auf diese Zielgruppe abgestimmt sind. In Imagination Nr. 14 *Apfelbaum in Blüte* steigen wir auf einen Baum; in Nr. 49 *Sternennacht* streicheln wir ein Tier; in Imagination Nr. 55 *Die Wanderung zur Stadt auf dem Berg* nehmen wir Abschied von unseren Eltern. Ich lege diese Imaginationen hiermit unverändert auch einem größeren Kreis, auch Erwachsenen, vor, weil ich meine, daß wir uns auch in späteren Jahren gerne daran erinnern, wie wir als Kinder auf Bäume gestiegen sind. Und wer schon lange kein Tier mehr gestreichelt hat, sollte es möglichst schnell nachholen, ganz gleich, wie alt er ist! Von seinen Eltern Abschied zu nehmen, von ihrer Lebenseinstellung und ihren Verhaltensnormen, ist manchmal gar nicht so leicht. Selbst wenn man sie ablehnt, kann man sich oft kaum von ihnen lösen, und das bis ins fortgeschrittene Alter. Sich erst einmal von ihnen zu befreien, schließt nicht aus, daß man sie später aus neuer Einsicht heraus wieder übernimmt.

Alle Imaginationen wurden geschrieben, um in besonders sinnfälliger Weise zur Meditation hinzuführen. Dadurch und wegen der genauen Übungsangaben (vgl. S. 37ff.) wird besonders dem Anfänger und dem allein Übenden die Möglichkeit geboten, mit der Meditation zu beginnen.

Aber auch für Meditierende mit Vorerfahrung, die nicht recht weiterkommen und eine zusätzliche Anregung suchen, kann dieses Buch von Nutzen sein, und zwar aus drei Gründen: Je konkreter eine Vorstellung ist und je mehr Sinne angesprochen werden, desto stärker ist die Wirkung auf das Unbewußte. Diese Vorarbeit ist mit den in diesem Buch enthaltenen Imaginationen bereits geleistet. Außerdem erweckt das systematische Meditieren von Symbolen in ganz besonderer Weise spirituelle Kräfte. Ferner wird auch dem Meditationserfahrenen mit der Ich-bin-Meditation ein neues Instrument in die Hand gegeben, mit dem er Widerstände aus dem Weg räumen kann. Deshalb empfehle ich auch dem interessierten Fortgeschrittenen, diese Einführung ganz zu lesen. Selbst wenn ihm das meiste schon bekannt ist, wird das wenige Neue wichtig sein.

Die Möglichkeiten positiven Imaginierens bei Gesunden und psychisch Kranken

Man kann nicht damit rechnen, daß ganz spezifische psychische bzw. psychosoziale Probleme durch diese Imaginationen schnell aus dem Weg geräumt werden. Die Imaginationen sind für jedermann konzipiert und auf Langzeitwirkung angelegt. Die Vorstellungskraft als solche ist jedoch ein ausgezeichnetes Mittel, um akute Probleme, wie Konzentrationsschwäche und Schulangst bei

Kindern, anzugehen und in verhältnismäßig kurzer Zeit zu bereinigen.

Arnold Lazarus zeigt in dem schon genannten Buch *Innenbilder. Imagination in der Therapie und als Selbsthilfe* Wege auf, wie derartige Phänomene durch gezielte Lenkung der kreativen Phantasie beseitigt werden können. Er stellt allgemeine Lösungsstrategien vor und gibt eine Vielzahl von konkreten Beispielen aus seiner Praxis, in denen der Einsatz der Vorstellungskraft sowohl bei Kindern wie auch Erwachsenen zum Ziele führte. So berichtet er vom Fall eines jungen Mannes, der im Betrieb seines Vaters arbeitete und Neuerungen einführen wollte.[2] Aber alle seine Vorschläge wurden von seinem starrsinnigen Vater abgeschmettert. Jedes Gespräch über dieses Thema führte zum Eklat. Lazarus wies den jungen Mann nun an, diese Unterhaltung in der Phantasie vorwegzunehmen und dabei auf die zu erwartende Reaktion des Vaters eine passende Antwort zu suchen. Diese Konfliktsituation wurde zwei Wochen lang in der Phantasie immer wieder durchgespielt. Als sich erneut die Realsituation einer Auseinandersetzung mit dem Vater ergab, führte die Strategie des Sohnes zum Erfolg.

Dieses Buch ist auch für die Hand des psychologischen Laien gedacht, der damit ein hervorragendes Mittel bekommt, um häufig im Leben auftretende Schwierigkeiten zu meistern.

Anders liegt der Fall bei seelisch Kranken, deren Zustand so ernst ist, daß sie kein normales Leben mehr führen und keiner geregelten Arbeit mehr nachgehen können, eventuell sogar suizidgefährdet sind. Wenn die Möglichkeiten der Selbsthilfe erschöpft sind, sollte ein Imaginationstherapeut aufgesucht werden (vgl. die Institutionen, die die Adressen von Therapeuten vermitteln können, S. 239 f).

Ein Wort noch zum Verhältnis von Imaginationstherapie und Imaginationstraining: Imaginationstherapie ist eine besondere Richtung der Psychotherapie, die auf der Tiefenpsychologie, vor allem der sogenannten analytischen Psychologie von C. G. Jung, basiert und auf Universitätsebene entwickelt worden ist.

Imaginationstraining ist eine besondere Form der Meditation. Meditation als solche ist uralt, war vor jeder wissenschaftlichen Psychologie schon da und wird von Lehrer zu Schüler außerhalb der Universität weitergegeben. In die von mir entwickelte und als Imaginationstraining bezeichnete Sonderform der Meditation sind allerdings Anregungen der Tiefenpsychologie und der Psychotherapie eingegangen.

Die Wirkungsweise dieser Form der Meditation

Im Traum sehen wir Bilder, befinden uns auf der Bildebene, die im Wachzustand weitgehend ausgeschaltet ist. Im Traum sendet uns das Unbewußte Botschaften, deren Bedeutung von der Tiefenpsychologie wiedererkannt wurde und gedeutet wird, Botschaften, von denen das Unbewußte will, daß wir sie beherzigen, sie in die Praxis unseres Lebens umsetzen.

Im Imaginationstraining wird derselbe Weg in umgekehrter Richtung beschritten. Durch Entspannung tritt zuerst einmal ein schlafähnlicher Zustand ein. Indem wir uns dann ein Bild vorstellen, es eine gewisse Zeit festhalten, uns anschließend passiv verhalten und das Bewußt-

sein ruhigstellen, lassen wir es ins Unbewußte absinken, schicken also vom Bewußtsein aus eine Botschaft an das Unbewußte.
Da die Traumbilder der konkreten Außenwelt entnommen sind, verwendet das Imaginationstraining Natursymbole, bedient sich also der Sprache, die von der Seele verstanden wird.
Insofern das Imaginationstraining auf Grundsituationen des Naturerlebens zurückgreift, z. B. einen Berg besteigen, zu einer Quelle gehen und trinken, am Ufer eines Flusses sitzen, spricht es das Unbewußte in seiner Tiefe an und beeinflußt es nachhaltig. So könnte man die vorliegenden Imaginationen als inverse Modellträume bezeichnen.
Nach Beendigung der Vorstellungsübung wird deren Gehalt in einem Wort zusammengefaßt, z. B. in dem Wort «Ruhe», «Leben» oder «Liebe», und beim Einatmen gedacht bzw. innerlich gesprochen. Dabei empfängt der Meditierende einen objektiv gegebenen Wert. Beim Ausatmen denkt bzw. spricht er innerlich die Worte «Ich bin», die eine Äußerung des Subjekts, seiner selbst darstellen.
Die Qualität dieses «Selbstbekenntnisses» sollte nicht bewußt beeinflußt werden, es sollte so, wie es ist, zugelassen, belauscht werden. Dabei ergeben sich mehrere Möglichkeiten, Spiegelungen des eigenen Zustandes, die in der angeführten Reihenfolge auch Entwicklungsstufen sind.

1. Die Ich-bin-Worte klingen dumpf und zeigen so, daß das Unbewußte noch wenig von der eingeatmeten positiven Qualität durchdrungen ist, z. B. von Liebe.

2. Die in den zwei Worten ausgedrückte persönliche Reaktion enthält einen schmerzhaften Klang und zeigt dadurch, daß Kontakt zu einem inneren Problembereich hergestellt ist.

3. Sie wird freudig und kraftvoll und drückt insofern das Erlebnis der Belebung und Erneuerung aus.

4. Schließlich kann die Qualität des eingeatmeten Wortes als Gegenüber, geradezu als Du empfunden werden, dem unser Ich beim Ausatmen antwortet, der Atemzug als solcher wird zu Aufruf und Antwort. Beim Einatmen wird in uns Ruhe, Leben, Liebe gestiftet, beim Ausatmen erleben wir ein neues Ich-Gefühl. Ist dieses Stadium erreicht, dann kann die persönliche Reaktion, wie sie in den Worten «Ich bin» erscheint, auch aktiv vom Bewußtsein unterstützt werden.

In einer anderen Situation (vgl. S. 32) denkt der Meditierende beim Einatmen nichts, beim Ausatmen lenkt er die gedachten bzw. innerlich gesprochenen Worte «Ich bin – Ruhe (Leben, Liebe)» auf das Bild eines Widerstandes, der sich zeigt. Dies soll in der Gesinnung geschehen: Ich rufe die Ich-Kraft auf einzugreifen, und damit ist zugleich die Qualität der Ruhe (des Lebens, der Liebe) gegeben. Damit dieses Vorgehen tatsächlich in der bezeichneten Weise wirkt, wird eben regelmäßig meditiert. Wenn die Worte «Ich bin – Ruhe (Leben, Liebe)» auf ein negatives Bild gerichtet werden, so sollten sie von keinem Willensdruck begleitet werden. Die Worte, deren Bedeutungsgehalt durch vorausgegangene, konfliktfrei verlaufene Meditationen angereichert worden ist, wirken nun durch ihre eigene Qualität. Man kann sie natürlich mit der entsprechenden Vorstellung verbinden und damit ihre Wirksamkeit erhöhen, soweit dies nicht zu anstrengend ist. Das Wort «Ich» sollten wir dabei in neuer Weise sprechen; nicht so, wie wir es in der Außenwelt tun, wenn wir uns anderen gegenüber durchsetzen oder uns von ihnen absetzen, indem wir eine abweichende Meinung äußern. Wir können versuchen, in ihm eine lichte, lebendige, friedliche Kraft zu erspüren, die über uns steht, die unser höheres Wesen ausmacht, das wir erst nach und nach, aber in zunehmendem Maße, in unser Dasein integrieren.

Spontanes Auftreten von Negativität

Erfahrungsgemäß haben ständig wiederholte positive Impulse auch die Tendenz, im Unbewußten negative Bilder wachzurufen. Dies kann geschehen, wenn frei imaginiert wird. Die Imaginationstherapie nutzt diesen Umstand, um ihre Klienten Störfaktoren aufspüren zu lassen. Dieser Zusammenhang begründet die strenge Führung der Vorstellungsübungen, die hier vorgestellt werden. Zuerst soll Kraft gesammelt und die Vorstellungsfähigkeit geschult werden. Die latente Negativität soll vorerst nicht aufgedeckt werden. Nach längerer Zeit des Übens muß allerdings damit gerechnet werden, daß sie sich spontan zeigt. Nur bei wenigen Imaginationen wird der Meditierende am Schluß aufgefordert, das Geschehen selbständig fortzusetzen, und zwar dann, wenn ihr Sinn nur in ganz individueller Weise gefunden werden kann.

In dem von mir obenerwähnten Meditationskurs forderte ich die Teilnehmer zur freien Fortsetzung auf, was

dazu führte, daß sich gelegentlich Negativität zeigte. Dazu einige Beispiele: Nachdem C. einen Berg bestiegen und sich einen Sonnenaufgang vorgestellt hatte (Imagination Nr. 17), ging sie – in der freien Fortsetzung – in einem Gewitter wieder ins Tal hinunter. Dies erhellt meines Erachtens einen bedeutsamen Aspekt: Das Erfreuliche und Schöne fordert das Unerfreuliche und Häßliche heraus und wird dadurch ergänzt, so daß ein Ganzes entsteht. Hier zeigt sich wohl eine besondere Form des psychologischen Komplementaritätsprinzips. Da das vorgestellte Gewitter keinen Schaden angerichtet hatte, wurde auch keine Gegenimagination durchgeführt.
In der freien Fortführung von Imagination Nr. 52 *In der Burg* ließ sich S. aus dem Innenhof hinauskatapultieren und landete mit einem Fallschirm in einem Feld. Ich meine, darin einen starken Impuls zur Ablehnung des Motivs (Burg als Mandala) sehen zu müssen.
Nachdem das Geschehen unreflektiert weiterentwickelt wurde, also aus dem Unbewußten kam, könnte es in folgender Weise geklärt werden: Der Übende stellt sich eine Projektionsleinwand vor und fordert die Kraft, die ihn zu dieser Ausgestaltung der Handlung veranlaßt hat, auf, sich in ihrer wahren Gestalt zu zeigen. Ist sie schön, kann er sich mit ihr unterhalten, sie befragen und ihren Grund für das Verlassen des Mandalas akzeptieren. Ist die Gestalt dunkel, sollte er die Worte «Ich bin» auf sie richten. Leistet sie Widerstand, muß ein passendes Qualitätswort wie «Ruhe» oder «Friede» zur Ergänzung gesucht und auf sie gerichtet werden, bis sie in eine helle Erscheinung umgewandelt ist. Jetzt ist eine klärende Unterhaltung angebracht. (Vgl. dazu auch S. 35 und S. 66.)

Eine andere Beobachtung, deren detaillierte Darstellung hier zu weit führen würde, läßt mich annehmen, daß sich innere Negativität nach einer gewissen Zeit des Imaginationstrainings auch in einer generellen, undifferenzierten, aber oft starken Abneigung als Projektion zeigen kann. Diese Antipathie «aus dem Bauch» könnte sich demnach auf einzelne Imaginationen beziehen, auf das Imaginationstraining überhaupt, auf dieses Buch, auf den Vorleser in einer Meditationsgruppe oder den Übungsleiter. In diesem Fall ist natürlich die Wertfrage gestellt, deren Beantwortung grundsätzlich darüber entscheidet, ob man weitermachen will oder nicht. Um Klarheit zu schaffen, rate ich, zuerst nur Entspannungsübungen, gefolgt von Passivitätsphasen, auszuführen (vgl. S. 38). An einem Tag, an dem man sich besonders stark fühlt, sollte die innere Projektion erfolgen, die im obendiskutierten Fall von S. dargestellt wurde.
Bei der freien Weiterentwicklung der Imagination Nr. 11 *Hinaus aufs Meer* erlebte K. beim ersten Mal einen Sturm, kenterte mit seinem Schiff, rettete sich schwimmend auf eine Insel und brachte sich oben auf einem Leuchtturm in Sicherheit. Als dieselbe Imagination zu einem späteren Zeitpunkt wiederholt wurde, befand er sich mit seinem Schiff in einer Flaute, holte über Funk Hilfe und ließ sich in einen Hafen schleppen. Hier zeigt sich auch ein erfreulicher Umstand: In einer kritischen Situation weiß man, was man zu tun hat; aus dem Unbewußten kommen dann auch die hilfreichen Einfälle. Störungen treten meines Erachtens bei der Vorstellung von Wasser, auf dem man mit einem Boot fährt, besonders leicht auf, sei es ein Fluß, sei es ein See oder das Meer. Um sich nicht nur aus der Affäre zu ziehen, son-

dern Herr der Lage zu bleiben, richte man die Worte «Ich bin» auf den Störfaktor, z. B. die hohen Wellen.
Bei der individuellen Fortsetzung von Imagination Nr. 50 *Der Gang zur Mette* wollte L. den Kirchturm besteigen, fand aber die Tür verschlossen und erfuhr, daß er erst zum Beichten gehen müsse. Dieses Beispiel spricht eine beredte Sprache: Der innere Aufstieg ist erst möglich, wenn die eigene Negativität aufgearbeitet worden ist.

Die Aufarbeitung der inneren Negativität

Der obengeschilderte Fall von L. zeigt mit aller Deutlichkeit, daß das Erscheinen innerer Negativität bei der Meditation nicht auf deren Versagen beruht, also keine Panne ist, sondern gerade deswegen erfolgt, weil sie leistet, was sie leisten soll, indem sie nach dem obenerwähnten Prinzip der Komplementarität tiefsitzende Negativität freilegt, die schon vor Beginn der Meditation vorhanden gewesen sein muß. Es ist also naturbedingt, daß länger durchgeführte, durch Bilder eingeleitete Meditationen entsprechend negative Bilder hervorrufen können.
Woher kommt nun diese innere Negativität? – Eine sehr weitreichende und schwierige theoretische Frage! Um eine gültige Antwort bemühen sich Psychologie, Philosophie und Theologie. Unser pragmatisches Vorgehen setzt aber nicht voraus, daß wir eine in jeder Beziehung befriedigende Antwort haben, jedenfalls nicht zu Beginn. Später, nach einer längeren Zeit der meditativen Praxis, ist eine Antwort eher möglich, allerdings eine ganz individuelle, durch persönliche Erfahrung gewonnene; denn wir können ja mit den inneren Gestalten sprechen, ge-

nauso wie wir es beim Träumen auch tun und wie es in der Imaginationstherapie praktiziert wird.
Wer aber die Frage nach der Ursache der tief im Inneren vorhandenen Negativität geklärt haben will, bevor er bereit ist, mit ihr konfrontiert zu werden, dem werden einige Beispiele aus unserer Alltagserfahrung vielleicht ein vorläufiges Verständnis ermöglichen. Haben wir nicht schon gehört, daß bei einer Fastenkur bisher im Körper gebundene Schadstoffe, mit denen der Organismus früher nicht fertig geworden ist, freigesetzt werden können; oder daß unterdrückte, nicht ausgeheilte Krankheiten chronisch weiterschwelen? Ist es nicht vorstellbar, daß Perioden dauernder Überarbeitung schädliche Langzeitwirkungen hervorrufen? Ein Arzt bezeichnete einmal die Zeit seiner Examensvorbereitung als «zerebrales Trauma». Wir selber wissen, welche Wunden der Verlust von geliebten Menschen, der Tod von Eltern und Großeltern, das Auseinanderbrechen einer Freundschaft, einer Ehe, schlagen. Gewiß, sie vernarben, aber heilen sie ganz? Wir kennen aus dem Fernsehen das Klagegeschrei orientalischer Frauen bei einem Todesfall, mit dem sie ihrem Schmerz freien Lauf lassen, sich ihm ganz hingeben und sich so von ihm befreien können. Der westlich geprägte Mensch möchte aber Haltung bewahren, nicht die Fassung verlieren, sich keine Blöße geben; der Mann ganz besonders. Wenn der Tote unter der Erde liegt, ist man froh darüber, daß man sich wieder in die Arbeit «stürzen» kann. Aber letztlich ist nicht ausgelitten worden, was an Gefühlsintensität da war.
Die Reihe von Beispielen belastender Lebenssituationen, die eventuell nicht ausreichend verkraftet worden sind, könnte beliebig fortgesetzt werden. Eines dürfte klarge-

worden sein: Wie leicht sammeln sich im Laufe der Jahre bei ganz normalen Menschen unaufgearbeitete Reste an und lagern sich ab, Schicht um Schicht. Bleibt z. B. nach dem Tod unserer Eltern nicht ein Schatten auf unserem Leben? Und das ganz zu Recht, denn er bringt doch eine ganz unmittelbare Konfrontation mit dem schmerzlichsten Aspekt unseres Daseins. Es ist also nicht verwunderlich, daß wir bei der Innenschau der Meditation auf «Altlasten» stoßen, die sich als dunkle Gestalten zeigen.

Der Entschluß, sich ganz den erfreulichen Seiten des Lebens zu öffnen, genügt nicht, um diese Schichten abzutragen. Es genügt auch nicht das Rezept, welches angibt, man solle sich immer wieder sagen: «Ich bin positiv, ich bin positiv.» Ein solches Forcieren führt eher zum Willenskrampf und zur Lebenslüge.

Wenn wir davor zurückschrecken, alten belastenden oder leidvollen Situationen im Inneren noch einmal zu begegnen, dann kann uns die Psychotherapie, die sich ja mit besonders krassen Fällen dieser Art (Traumata) befaßt, eine wichtige Einsicht liefern: Das Erkennen der Ursache eines Traumas genügt nicht zur Heilung, sondern nur eine Gefühlsintensität beim Wiedererinnern der ursprünglichen Leidenssituation, die ähnlich hoch ist wie die Gefühlsintensität beim ersten Erleben.

Für die Meditation muß also die Folgerung gezogen werden: Die Begegnung mit unserer Negativität auf der inneren Bildebene, die ja die Gefühlsebene ist, stellt einen ausgesprochenen Glücksfall dar, denn sie bietet uns die Chance, sie aufzuarbeiten, uns aus den Fesseln der Vergangenheit zu lösen.

Wie gehen wir praktisch vor?

Die Negativität erscheint als dunkle, häßliche Gestalt, als Tier, in menschlicher oder menschenähnlicher Form, als Stein oder auch amorph mit undeutlichen Konturen. Sie ist also leicht zu erkennen.
Schwieriger zu identifizieren ist die schöne negative Gestalt, die sich aber durch ihr hochmütiges Gebahren, ihren Zynismus verrät.
Wenn wir z. B. eine Imagination ausgeführt haben, deren Gehalt in dem Wort «Freude» zusammengefaßt wurde, und dann ein Frosch auftritt, so stellen wir uns vor, daß wir in der rechten Hand (Yang) ein goldenes Schwert halten und in der linken Hand (Yin) eine silberne Lanze. Der Linkshänder nimmt das Schwert in die linke und die Lanze in die rechte Hand. Wir lassen beim Ausatmen zuerst die Worte «Ich bin» von unserem Mund auf die Stirn des Tieres gleiten und dann das Wort «Freude» durch das Schwert in die Brustmitte und durch die Lanze in die (vermutete) Herzgegend. Unsere Waffen sind also gekreuzt. Das Wort «Freude» wählen wir deshalb, weil anzunehmen ist, daß das häßliche Gebilde durch ebendieses Wort und das damit verbundene Gefühl auf den Plan gerufen wurde.
Solch schwere Waffen gegen einen kleinen Frosch! Ist das nicht übertrieben? Normalerweise ja. Aber der Frosch kann unvermutet größer werden, eine andere, gefährlichere Gestalt annehmen. Es beruhigt, für diesen Fall schon entsprechende Vorkehrungen getroffen zu haben. Wie klein die Gestalt auch sein mag, wir lassen sie nicht an uns heran, halten sie mit Schwert und Lanze auf Distanz.
Wir durchdringen sie dann mit den Worten «Ich bin – Freude», bis sie umgewandelt, schön, freundlich bzw. be-

scheiden geworden ist. Nun kann es sein, daß das Wort «Freude» kaum Wirkung zeigt. In diesem Fall benutzen wir die drei «Zauberworte», die sich mir immer als hilfreich erwiesen haben, nämlich «Licht, Leben, Liebe» (in dieser Reihenfolge). Dazu brauchen wir allerdings einen langen Atem. Langes Ausatmen wird möglich, wenn wir nicht überhastet einatmen (vgl. auch S. 42). Wir können uns vorerst auch darauf beschränken, die Worte zu denken bzw. innerlich zu sprechen, wenn es uns zu schwerfällt, sie in der Kürze der Zeit mit der entsprechenden Vorstellung zu verbinden. Gegen Ende des Kampfes – denn ein Kampf ist es, Widerstand wird geleistet – fällt die Vorstellung leichter.

Sind Brustmitte bzw. Herzgegend schwer zu identifizieren, z. B. bei einer Schlange, dann setzen wir unsere Waffen nach eigenem Ermessen an. Das Unbewußte läßt uns instinktiv wissen, wie wir vorgehen müssen. Natürlich kann selbst eine Schlange so klein und tatsächlich so harmlos sein, daß wir sie in die Hand nehmen und streicheln können. Zu unserer Überraschung wird sich vielleicht zeigen, daß sie sich dadurch verändert, z. B. weiß wird.

Ich möchte Sie allerdings von Anfang an wissen lassen, daß es zu Kämpfen kommen kann, und Ihnen eine Technik anbieten, die sich nach meiner Erfahrung immer bewährt hat.

Bei dem Umwandlungsprozeß sollte kein Willensdruck ausgeübt werden. Er hilft nichts und führt zu Verkrampfung. Es mag widersinnig klingen, aber selbst eine so ernste Situation sollte fast spielerisch gehandhabt werden. Da zur Meditation auch ein Training in Gelassenheit gehört, wird dies möglich sein (vgl. S. 48).

Die Umwandlung erfolgt häufig über ein Zwischenstadium. Zuerst wird der Frosch z. B. in eine Lichtkugel «eingeschmolzen», dann entsteht daraus vielleicht ein bunter Vogel.

Dürfen wir uns denn so aggressiv verhalten? Sollten wir nicht lieber unseren Schatten annehmen? – Ich möchte die zweite Frage zuerst beantworten. Wir nehmen unseren Schatten ja an, wir laufen nicht weg von ihm, wir stoßen ihn nicht von uns, vertreiben ihn nicht. Wir sollten ihn sogar mit unseren Waffen festhalten (mit vorgestellten Widerhaken), falls er seinerseits die Flucht ergreifen will. Aber wir belassen ihn nicht in seinem elenden Schattendasein, haben wir doch die Mittel zur Hand, ihn umzuwandeln!
Wenn überhaupt Aggressivität mit Liebe gepaart sein kann, dann in dieser Form, wo wir unser Ich einem minderwertigen Phänomen zuwenden, es damit durchdringen und mit so edlen Qualitäten wie Ruhe, Licht, Leben, Liebe erfüllen.
Warum aber gleich zu den Waffen greifen? – In Schwert und Speer bündeln wir unsere Kraft zu einem feinen Strahl, wir konzentrieren sie, die männliche (goldene) und die weibliche (silberne). Jeder Mensch, gleichgültig, ob Mann oder Frau, hat in sich – dies betont die Psychologie – Anteil an beiden Polaritäten. Wir verwenden dabei die alten Metallsymbole Gold und Silber.
Mit diesen Waffen töten und zerstören wir nicht. Aggressivität ohne Destruktivität! Welch ein Betätigungsfeld eröffnet sich hier für das aggressive Potential, das in uns vorhanden ist und sich ausleben möchte. Unheil entsteht nur dann, wenn wir das Dunkle, Häßliche, Min-

derwertige nicht in die Innen-, sondern in die Außenprojektion schicken. Dann gibt es Krieg, den metaphorischen Kleinkrieg mit den Menschen unserer Umgebung und den echten, die beide nicht kommentiert zu werden brauchen.

Wenn eine dunkle Gestalt den Worten «Ich bin» keinen Widerstand leistet und sich leicht und schnell aufhellen läßt, so ziehe ich daraus den Schluß, daß es sich um einen Aspekt meiner Psyche oder meines Organismus handelt, den ich nur vorübergehend vernachlässigt habe. Ich frage sie, was sie so dunkel gemacht hat. Sie antwortet mir vielleicht, der Grund sei, daß ich zu viel arbeite, und fordert mich auf, mit meinen Lebenskräften schonender umzugehen. Ich nehme dieses Anliegen ernst, diskutiere und argumentiere, suche einen Kompromiß oder übernehme ihre Forderung gänzlich.

Solange eine negative Gestalt des Inneren nicht vollständig umgewandelt ist, sollten wir uns mit ihr auf keinerlei Diskussion einlassen. Wir laufen sonst Gefahr, uns ihrem Einfluß auszusetzen, uns insgeheim infiltrieren und schwächen zu lassen.

Die Psychotherapeutin Marie-Luise von Franz[3] berichtet von dem Fall eines Künstlers, der sich im Lauf einer Psychoanalyse mit einer «hochintelligenten, völlig zynischen und amoralischen [...] Schattenfigur» in einem inneren Gespräch auseinandersetzte, wobei sie «alles, was der Künstler sagte, sehr klug in den Schmutz zog». Ihre «Argumente waren so klug und scharf, daß der Künstler an einem bestimmten Punkt der Diskussion sich geschlagen fühlte, traurig Albert [Name der Schattenfigur, Anm. d. Verf.] Recht gab und das Gespräch abbrach. Kurze Zeit später trat ein psychogener Herzanfall auf.» In einem

zweiten Gespräch zu einem späteren Zeitpunkt führte er «Argumente des Herzens» an und «gewann die Oberhand».
Einem so starken Gegner müssen wir unsere beste Kraft entgegensetzen, und die ist nach meiner Erfahrung die Ich-bin-Kraft. Wenn das Wort «Liebe» aus den Händen in die Waffen fließt, ist auch die Kraft des Herzens dabei. So können wir die Schattenfigur nicht nur in die Schranken weisen, sondern sogar noch umwandeln.
Wenn ein Meditierender solch außerordentliche Erlebnisse hat, solch großartige Abenteuer besteht, dann fühlt er sich gedrängt, sie anderen mitzuteilen. Tun Sie das nicht! Meistens werden Sie erleben, daß sich die Gesichter der Anwesenden verschließen. Den verstohlenen Blicken werden Sie entnehmen können, daß man Zweifel hat, ob Sie noch ganz richtig im Kopf sind. Sie haben ein Tabu verletzt. Daß Sie einer lebendigen Wirklichkeit begegnet sind, sie sogar positiv verändern konnten, wissen nur Sie. Beweisen können Sie es nicht. Aber ohne Beweis nimmt Ihnen das keiner ab. Dabei wollten Sie nur anderen einen gangbaren Weg zeigen, der zu mehr Lebensqualität führt. Was bleibt, ist das schale Gefühl, ein Stück Ihres Innersten nutzlos preisgegeben zu haben. Wahren Sie also Ihre geistige Intimsphäre!
Bevor Sie sich selbst an die innere Negativität heranwagen, bitte ich Sie, den Abschnitt *Die zentrale Bedeutung des Kreuzsymbols* (S. 74 ff.) zu lesen.

Die Übungen

Es gibt verschiedene Übungs- und Entspannungstechniken. Sie hier darzustellen und ihr Für und Wider zu erörtern würde den Rahmen dieser Einführung sprengen.

Ich möchte im folgenden die von mir praktizierte Übungsweise beschreiben. Sie ist entstanden durch das, was ich von meinem Meditationslehrer übernommen und beibehalten habe, was ich durch einschlägige Lektüre hinzugewonnen und durch eigene Erfahrung im Laufe der Zeit modifiziert und ergänzt habe.[4]
Wenn ich üben will, ziehe ich mich in ein Zimmer zurück, in dem ich sicher sein kann, nicht gestört zu werden. Ich bitte meine Familie, falls ein Telefonanruf für mich kommt, zu sagen, ich sei im Moment nicht greifbar, würde aber, so bald wie möglich, zurückrufen. Nur bei Erdbeben und ähnlichen Katastrophen solle man mich holen.
Ich setze mich auf einen Stuhl mit aufrechter Lehne, dessen Sitzfläche hoch genug ist, damit das Gesäß sich nicht tiefer befindet als die Knie. Ich sitze aufrecht, bei Müdigkeit angelehnt, sonst frei.
Zeitweise benütze ich ein hölzernes Bänkchen, dessen Sitzfläche leicht nach vorne geneigt ist; es ermöglicht, die Unterschenkel und Füße nach hinten auf den Boden zu strecken.[5] Der Vorteil besteht darin, daß man den Schwerpunkt von ganz alleine tief, in den Beckenraum, legt und den Oberkörper aufrecht hält.
Die Hände falte ich und lasse sie im Schoß ruhen, die Füße stelle ich parallel, nicht V-förmig geöffnet oder geschlossen, der Kopf ist leicht nach vorne gesenkt und ge-

rade, nicht schief nach rechts oder links geneigt. Auf diese Weise wird erreicht, daß die aufrechte Haltung durch das Knochengerüst und bei minimaler Muskelanspannung sichergestellt wird. Vor dem Einschlafen meditiere ich im Bett auf dem Rücken liegend. Situationsbedingt ist dies aber nur ein Vorspiel zum Einschlafen – allerdings ein sehr schönes und oft ein sehr nützliches.
Körperbehinderte sollten wohl die Haltung einnehmen, welche sie am leichtesten über eine gewisse Zeit durchhalten können.

Erste Phase (Dauer ca. 5 Minuten)

1. Variante: Schwereübung
Ich versuche, in meinem Körper ein Gefühl der Schwere hervorzurufen, indem ich ihn in folgender Weise durchgehe:

Ich sage zur mir: «Meine Schultern sind schwer und hängen tief herab, meine Oberarme sind schwer, meine Unterarme sind schwer, meine Hände sind schwer, mein Rumpf samt Rücken ist schwer; ich spüre mit meinem Gesäß den Stuhl, auf dem ich sitze; meine Oberschenkel sind schwer, meine Unterschenkel sind schwer, meine Füße sind schwer, ich spüre mit meinen Füßen den Boden, auf dem sie ruhen.» Anschließend gehe ich mit den gleichen Worten in umgekehrter Richtung von unten nach oben bis zu den Schultern und füge hinzu: «Nur der Kopf ist leicht und schwebt gewissermaßen über meinem Rumpf.»

Um die Wirkung zu intensivieren, kann man seinen Körper auf diese Art mehrmals durchfühlen. Es ist auch

möglich, bei den einzelnen Körperteilen länger zu verweilen und die entsprechenden Worte öfter zu wiederholen.
Ich denke bzw. spreche sie innerlich ohne jeden Willensdruck geradezu spielerisch. Ich möchte ja keine Autosuggestion vornehmen. Ich gehe dabei nur von der natürlichen Tatsache aus, daß sich Muskeln im Zustand der Entspannung schwer anfühlen. Jeder von uns hat diese Empfindung schon kennengelernt, wenn er sich nach harter körperlicher Arbeit hingesetzt oder hingelegt hat; dann ist sie nämlich besonders deutlich zu spüren. Dieser Übung liegt folgendes Prinzip zugrunde: Wenn sich in entspanntem Zustand spontan ein Gefühl der Schwere einstellt, so ist es auch möglich, durch Konzentration auf die Schwere ebendieses Gefühl und den damit verbundenen Entspannungszustand hervorzurufen. Den dabei verwendeten Worten kommt nur die Rolle der Steuerung unseres Bewußtseins zu. Entwickelt sich nur ein ganz leichtes Gefühl der Körperschwere, dann ist der Zweck der Übung schon erfüllt. Wird es nicht spürbar, so ist dies auch nicht problematisch; bei längerer Praxis wird es anders werden. Wir können ohne weiteres zur nächsten Phase übergehen (vgl. aber die 2. Variante).
Wenn Verspannung das Hauptproblem ist, eventuell bedingt durch Krankheit, so sollte man vorerst nicht weitergehen und längere Zeit nur eine Entspannungstechnik üben. Dafür bietet sich auch ein Kurs in autogenem Training an.
Die Schwereübung habe ich lange Zeit praktiziert, führe sie heute aber nur aus, wenn ich in schlechter körperlicher Verfassung bin, z. B. nach langer und enervierender Arbeit. Sonst bevorzuge ich die 2. Variante.

2. Variante

a) Ich denke bzw. spreche innerlich: «Ich spüre mein Gesicht und den Kopf, ich spüre den Hals und das Genick, ich spüre meine Schultern» usw. bis zu den Füßen, dann gehe ich wieder zurück bis zum Nacken.

Auch diese Form kann durch längeres Verweilen, z. B. dreimaliges Sprechen oder stärkere Differenzierung, intensiviert werden, z. B. «Ich spüre meine Stirn, die Augen, die Nase, die Mundpartie, den Unterkiefer» (der häufig verspannt ist). Der Grund, warum ich so vorgehe, hängt mit meiner Einstellung zusammen. Ich meditiere normalerweise nach getaner Arbeit.

Mein Körper trägt in sich dann die Spuren all dessen, was ich im Laufe des Tages bewirken, erreichen, durchsetzen wollte, von allem, was von außen auf mich eingestürmt ist, dessen ich mich erwehren mußte. Wenn ich mich zur Meditation zurückziehe, dann in der Grundhaltung, erst einmal nichts mehr bewirken zu wollen, alles zu akzeptieren, was geworden ist. Spüre ich dann Muskelverspannung, so belasse ich sie; sie löst sich bald von allein. Bemerke ich den Nachhall der Tagesarbeit in meinen Nerven, so setze ich mich ihm aus. Er verebbt dann von selbst.

Ich breite mein Bewußtsein vom Kopf zu den Füßen hin aus und nicht in umgekehrter Richtung, weil mir dies insofern natürlich erscheint, als zu Beginn der Meditation, dem Normalzustand entsprechend, das Bewußtsein dort zentriert ist.

b) Dann erweitere ich diese Übung folgendermaßen: Ich suche meinen Atem und begleite ihn mit meinem Bewußtsein. Nach einer Weile denke ich beim Einatmen «Ich lasse mich...» und beim Ausatmen «...in den Schultern los und im Beckenraum nieder». Gleichzeitig vollziehe ich die entsprechende Bewegung.

Diese letztere Übung habe ich von Karlfried Graf Dürckheim[6] übernommen, einem der bedeutendsten zeitgenössischen Vertreter des japanischen Zen in Deutschland. Imaginationstraining und Ich-bin-Meditation sind zwar keineswegs Zen, aber eine gute Portion Zen ist ein integraler Bestandteil dieser Meditationsform, die Basis, auf der aufgebaut wird, die Vorbedingung zu weiterem Tun. Dürckheim begründet die obige Anweisung damit, daß sich im verspannten Hochziehen der Schultern nur die Fehlhaltung des kleinen Außenichs manifestiere, das um seine Position in der Außenwelt kämpfe. Um sie aufzulösen, sei es nötig, die eigentliche Ursache anzugehen, nämlich die Fehlhaltung des Ich.
Die obendargestellte Grundübung variiere ich der inneren Verfassung entsprechend, in der ich mich gerade befinde:

Beim Einatmen	beim Ausatmen	innere Situation:
Ich lasse	alles los	Unerledigte Aufgaben, ungelöste Probleme bedrängen mich.
Ich lasse	alles zu	Persönliche Gefühle und Gedanken melden sich zu Wort, die ich wegen dringender Arbeit weggeschoben habe.
Ich lasse	X los	X steht hier für ein spezifisches Problem.

Jede Grundhaltung, die wir einnehmen wollen, kann in dieser Weise gelenkt werden. Wenn wir alles Äußere, alles Problembelastete abgestreift haben und uns positiven Kräften zuwenden wollen, von denen wir erfahren haben, daß sie in diesem Zustand in uns einfließen, dann können wir z. B. die Worte wählen: Ich öffne – mich weit.

Eine Bemerkung zur Atemtechnik scheint mir unerläßlich: Dürckheim[7] macht, wie auch andere, darauf aufmerksam, daß der Atem aus drei Phasen besteht, und zwar aus Einatmen, Ausatmen und einer Atempause. (Die kurze Pause nach dem Einatmen wird hier vernachlässigt.)

Da uns der Atemvorgang normalerweise nicht bewußt ist, bemerken wir die Pause kaum. Wenn wir ihn aber mit unserem Bewußtsein begleiten, neigen wir dazu, die Pause zu kürzen und damit den natürlichen Ablauf zu verändern. Sehr behutsames, geradezu zartes Sich-Einfühlen in den Atem ist also geboten.

Wenn wir ihn mit einem Gedanken, einem Wort verbinden, ist die Tendenz zur Veränderung des normalen Vorgangs noch stärker gegeben, da er es gewissermaßen tragen muß. Der natürliche Ablauf könnte durch die Ziffer 1 versinnbildlicht werden. Der Aufstrich bezeichnet demnach den Einatem. Er ist wie ein Auftakt in der Musik, nicht so belastbar, und sollte nur von ein bis zwei Worten begleitet werden. Der Abstrich stellt den Ausatem dar. Er ist länger und kann folglich mit mehr Worten verbunden werden. Bewußt etwas kräftiger auszuatmen schadet nicht. Dies geschieht auch bei Gymnastikübungen. Wenn wir erschöpft sind, atmen wir ebenfalls stärker aus, besser gesagt ab (vgl. den Abstrich). Tritt ein plötzliches, seelisch stark belastendes Ereignis ein, dann stoßen wir den Ausatem aus, von uns weg, offenbar ein organisches Ventil, das geöffnet wird, damit das, was in uns eingedrungen ist, auch wieder abfließen kann. Der Ausatem kann also mehr «tragen», ist belastbarer, eine gewisse Verlängerung ist unbedenklich. Eine gedachte Linie zwischen Ende des Abstriches und Beginn des Aufstriches der Ziffer 1 würde die Pause bezeichnen. Die Leere ist aber noch besser, denn es tritt tatsächlich Atemleere ein, die von Bewußtseinsleere begleitet werden sollte.

Damit sichergestellt wird, daß sich bei der Wortmeditation der natürliche Atemrhythmus nicht verändert oder, falls er sich verändert hat, wir wieder zu ihm zurückkehren, können wir in regelmäßigen Abständen einen «leeren» Atem einschieben. Mit anderen Worten, wir denken jeden zweiten oder jeden dritten Atemzug nichts.

Die Technik des alternierenden «leeren» Atems verwende ich auch aus einem weiteren Grund. Das Tempo soll wesentlich ruhiger sein als beim Arbeiten. Hier will ich Zeit haben, mir so viel Zeit nehmen, wie ich brauche. Nichts soll mich an Leistungsdruck erinnern.

Wir werden bemerken, daß unser Atem, je ruhiger wir innerlich werden, desto langsamer wird, sich also mit uns entwickelt. Er spiegelt demnach unseren momentanen Zustand wider. Der natürliche Atemrhythmus stellt folglich keinen absoluten Wert dar. Ein vollkommen ruhiger Atem würde einen vollkommenen Menschen voraussetzen, einen, der ganz von Liebe und Frieden durchdrungen ist. Wenn wir also immer wieder beobachten, daß unser Atem nicht so ist, wie er sein sollte, so kann dies auch damit zusammenhängen. Es ist nicht tragisch, denn wer ist schon vollkommen!

Gelegentlich bekommen Menschen, die zu meditieren beginnen, Herzbeschwerden nur dadurch, daß sie sich ihren Atem bewußt machen wollen. In diesem Fall soll und kann die Wortmeditation ohne Einbeziehung des Atems vollzogen werden.

Zweite Phase (Dauer ca. 5 Minuten)

Passivität

Im Idealfall führt die vorausgehende Entspannungsübung zu einem leichten Dämmerzustand, in dem alle Gedanken, Gefühle und Willensimpulse zur Ruhe kommen und verstummen. Wenn man sehr müde ist, schläft man dann ein, selbst wenn man auf einem Stuhl sitzt, und Meditieren ist nicht möglich. Wenn man aber abends einschlafen will und nicht kann, weil die Gedanken noch von irgendeinem Thema gefesselt sind, dann schaffen diese Entspannungsübungen oder auch die zwei folgenden Abhilfe.

Verebben die Gedanken nicht nach und nach, dann können wir eine in Kreisen Meditierender bekannte Technik anwenden:

In der Vorstellung nehmen wir Papier und Bleistift und schreiben mit einem zusammenfassenden Wort jeden Gedanken auf, der kommt. Dann werfen wir den Zettel in ein Bächlein, das wir neben uns vorbeifließen, oder in ein kleines Feuer, das wir in der Nähe brennen lassen.

Wenn ich nach einer gewissen Zeit auch mit diesem Trick nicht erreiche, daß sich meine Gedanken totlaufen, dann ändere ich meine Einstellung. Ich sage mir, was ich nicht ändern kann, das muß ich eben akzeptieren. Ich lasse also alle aufsteigenden Impulse zu, ohne jeden Widerwillen, beschäftige ich mich aber nicht willentlich mit ihnen, sondern wahre Distanz. Wenn nötig, erwecke ich in mir die Bereitschaft, mich von ihnen peinigen zu lassen, was ich dann in Gelassenheit ertrage. Ähnlich wie bei der Entspannungsübung tritt eine paradoxe Wirkung auf: Es entsteht geistige Stille.

Dritte Phase

Lesen der Imaginationen
Mit betont langsamer Bewegung, so daß ich den entspannten Ruhezustand nicht unterbreche, greife ich nach dem Text, den ich vorher bereitgelegt habe. Ich lese dann langsam einen Kurzabschnitt nach dem anderen, der meist nur ein bis zwei Zeilen ausmacht. Dabei stelle ich mir den Inhalt so deutlich vor, wie es ohne Anstrengung möglich ist.

Vierte Phase

a) Dann lege ich, ohne aufzustehen, den Text langsam beiseite und schließe die Augen. Jetzt stelle ich mir die in den letzten Zeilen dargestellte Endsituation noch einmal deutlich vor und halte sie kurz, bis zu ca. einer Minute, fest, ohne mich jedoch dabei allzusehr anzustrengen.

b) Darauf lasse ich jede Vorstellung fallen, denke beim Einatmen das Leitwort, z. B. «Ruhe», und beim Ausatmen «Ich bin».

Ich kann nun dieses Leitwort durch sich alleine wirken lassen, denn es ist von der vorausgehenden Imagination mit Bedeutung erfüllt worden. Ich verhalte mich ihm gegenüber passiv bzw. rezeptiv, belausche es in gewisser Weise, genauso wie die Ich-bin-Worte.
Die unter den Texten angegebenen Leitworte sind nur als Vorschlag zu verstehen. Manchmal werden auch Alternativen geboten. Wenn z. B. das Wort «Leben» dasteht, einem Meditierenden aber das Wort «Ruhe» geeigneter erscheint oder umgekehrt, dann tut er gut daran, seine persönliche Wahl vorzuziehen.
Bei der Wortwiederholung verweile ich eine Zeitlang, mindestens drei Atemzüge lang. Mit der Zeit entwickelt sich ein Gefühl dafür, wann die Wirkung der Worte nachläßt.

c) Im Anschluß daran stelle ich jede Aktivität ein und verharre eine gewisse Zeit in reiner Passivität, wobei ich auch die entstandene Stimmung loslasse, so schön sie auch sein mag. Ich bleibe mir dabei aber meines Atems bewußt und achte wieder darauf, mich beim Ausatmen in den Schultern los- und im Becken niederzulassen.

Auf diese Weise vermeide ich jede zu große Anspannung, und die in den Phasen 3. und 4. a), b) entstandene Stimmung kann ins Unbewußte absinken, es tönen. Würde die Passivitätsphase ausgelassen, dann müßte mit der Zeit «Über-spanntheit» entstehen. Das Bewußtsein wäre erfüllt von wunderschönen Dingen, aber das Unbewußte bekäme zu wenig davon ab. Das Bewußtsein hätte zu viel von der geistigen Nahrung «verzehrt». In den tieferen Schichten würde zu wenig verändert. Entwicklung würde sich, wenn überhaupt, sehr langsam vollziehen. Eine Begegnung mit der inneren Negativität, jener großen Entwicklungschance, würde unwahrscheinlicher. Auf die Dauer müßte diese Haltung zu Überspanntheit, Exaltiertheit und bloßer Schwärmerei führen, mit einem Wort, zu einer Fehlhaltung. Kultur des Gefühls, ja; Kult des Gefühls, nein!

Nach kurzer Zeit (ca. ein bis zwei Minuten) beende ich Phase c) und kehre zu Phase a) zurück. Ich wiederhole die Abfolge a) – b) – c), solange es meine Zeit erlaubt oder aber bis ich merke, daß ich den Höhepunkt meiner Konzentrationskraft erreicht habe. Ich achte aber auch darauf, mit der Passivitätsphase abzuschließen.

Es ist denkbar, daß bei Phase b) (Wortmeditation) die vorher entwickelte Vorstellung bleibt, ohne daß ich sie bewußt mit den Worten verbinde. Dies könnte bei eidetisch besonders begabten Menschen der Fall sein, z. B. Kunstmalern. Dann sollte man sie auch zulassen. Ebenso ist es möglich, daß bei Phase c) (Passivität) die Worte noch nachklingen, eventuell bei dichterisch Veranlagten. Auch hier, zulassen! Solche Phänomene deuten auf große Empfänglichkeit hin.

Nach der Meditation wende ich mich entschlossen der Außenwelt zu, übe irgendeine Tätigkeit aus. Die Erinnerung an die Bilder, selbst wenn sie mir bedeutsame Erkenntnisse gebracht haben, lasse ich los. Ich versuche nicht, die gute Stimmung bei der folgenden Tätigkeit festzuhalten, akzeptiere voll die Stimmung, die mir die Außenwelt bringt, auch wenn sie noch so trocken und nüchtern ist. Ich halte es für ganz wichtig, im äußeren Tagesgeschehen ebenso voll gegenwärtig zu sein wie in der Meditation.

Daß man sich nach der Meditation nicht unvermittelt in das Verkehrsgetümmel einer Großstadt stürzen sollte, dürfte klar sein. Ebenso, daß der Anfänger eine gewisse Übergangszeit braucht, bevor er in der Außenwelt voll gegenwärtig ist.
Wenn in der Imaginationstherapie der Klient angehalten wird, nach der Innenschau seine seelischen Erlebnisse zu bearbeiten, aufzuschreiben oder zu malen, so hat dies seinen ganz besonderen Sinn und Wert. Der Meditierende kann natürlich ebenso verfahren, sollte sich aber im Anschluß daran wieder ganz nach außen wenden.
Es ist durchaus sinnvoll, zum Meditationsgeschehen zurückzukehren, es in der Erinnerung noch einmal vorbeiziehen zu lassen und es zu überdenken, aber zu einem späteren, günstigen Zeitpunkt, ich tue es meist vor dem Schlafengehen.
Der Begriff Passivität muß noch von einem Mißverständnis befreit werden. Das Wort wird im westlichen Kulturkreis abschätzig gebraucht im Sinn von «faul sein; untätig bleiben, obwohl Handeln nötig wäre; die Mühe der Arbeit nicht auf sich nehmen wollen». Für diese negative Form der Inaktivität gibt es ein genau treffendes Wort, nämlich «Indolenz». Es kommt aus dem Lateinischen und kann übersetzt werden mit «Ungenügende Bereitschaft, Schmerz zu ertragen» (lat. *in + dolor)*. Das Wort Passivität kommt ebenfalls aus dem Lateinischen (vgl. lat. *pati,* leiden; *passio,* das Leiden) und bedeutet eigentlich «Leidensfähigkeit, Leidensbereitschaft, Leidens-

haltung». Auch der moderne Begriff «Frustrationsfähigkeit» entspricht seinem Sinn. Und genau diese Fähigkeit und Grundeinstellung brauchen wir in der Meditation bzw. müssen wir langsam entwickeln, wenn auch in bescheidenem Maß, und zwar dann, wenn ausgesprochen unangenehme Körperempfindungen auftreten, wenn das Stillsitzen schwerfällt, wenn wir die schlechte Verfassung unserer Nerven spüren, wenn wir von Gedanken, die uns nicht loslassen wollen, gepeinigt werden. Ein gewisses Maß an Passivität in diesem Sinn benötigen wir auch bei der Auseinandersetzung mit den dunklen Gestalten des Inneren. Da ist Stehvermögen gefragt. Wir dürfen nicht weglaufen. Und genau das ist Passivität: Kraftentfaltung in Ruhestellung, beim Stehen, Sitzen, Liegen (auch in der Außenwelt, man denke nur an den Zahnarzt). Aktivität ist demnach Kraftentfaltung in der Bewegung.

Gelassenheit, jene Kunst, sich nicht an den vielen, meist nur kleinen Frustrationen des Alltags wund- und aufzureiben, hat Passivität im richtigen Wortsinn zur Grundlage. Auch in der Meditation. Wenn sie uns am Vortag ein starkes Gefühl der Erneuerung gegeben hat, aber am Tag darauf äußerst mühsam verläuft, scheinbar keinen Gewinn bringt, dann sind wir leicht enttäuscht und fragen uns, ob wir nicht etwas falsch gemacht haben. Dabei ist es sehr leicht möglich, daß die große Kraft, die wir das erste Mal gespürt haben, unseren Organismus immer mehr durchdrungen hat, bis sie in der Tiefe auf Widerstand gestoßen ist, die verkrusteten Altlasten langsam hat in Lösung gehen lassen, um sie abzubauen. Dieser Zusammenhang erklärt auch, warum wir uns nach einer besonders großen Kraftzufuhr in der Meditation tags darauf körperlich oft schwach fühlen oder warum wir in der darauffolgenden Nacht schlecht schlafen, böse, wirre Träume haben. Dann ist Gelassenheit gefragt.

Die Dauer der täglichen Meditation

Ich meditiere, bis ich ein Maximum an Konzentration erreicht habe. Wenn ich merke, daß ich abzuschweifen beginne, ins Träumen gerate, in irgendwelche Zonen des Unbewußten abdrifte, ohne in ihm geborgen zu sein, dann mache ich Schluß.
Es gibt aber auch Zustände der Passivität, in denen alles zur Ruhe gekommen ist, in denen der Zeitbegriff aufgehoben zu sein scheint, wo man sich getragen und aller Körperschwere enthoben fühlt. Dann darf man natürlich verweilen.
Um einen zeitlichen Anhaltspunkt zu geben, würde ich sagen: 20 Minuten. Anfänger sollten diese Grenze nicht überschreiten. Bei längerer Praxis kann sich die Dauer immer mehr erhöhen. Zweimal am Tag 20 Minuten sind besser als einmal 40 Minuten.

Der Wert des regelmäßigen Übens

Nur wenn wir regelmäßig meditieren, am besten jeden Tag, ist eine dauerhafte Wirkung zu erreichen. Nun gibt es kaum Schwereres, als jeden Tag eine kleine Aufgabe zu erledigen, die nicht unbedingt nötig ist. Wenn man keine besondere Strategie entwickelt, ist die Wahrscheinlichkeit extrem groß, daß man bald aufgibt. Der Trick besteht darin, die Macht der Gewohnheit zu nutzen. Man setzt z. B. die absolute Priorität, sich sofort, wenn man von der Arbeit nach Hause kommt, zur Meditation

zurückzuziehen. Alles andere kommt später, auch die Familie. Der Ehepartner wird das respektieren. Er ist es bald gewohnt und empfindet es dann als normal.
Für jede Woche des Jahres steht eine Imagination zur Verfügung. Nach ungefähr 7 Tagen ist ihr Gehalt so weit eingedrungen, hat so stark gewirkt, wie es zum gegebenen Zeitpunkt möglich ist. Eine längere Wiederholung könnte unter Umständen zu Langeweile führen. Deswegen wird immer wieder ein neuer Impuls gesetzt. Wenn kein besonderer Grund vorliegt, empfiehlt sich also ein Wechsel nach einer Woche. Anders ist es, wenn man von einer bestimmten Imagination besonders angesprochen wird oder wenn ihr Gehalt schon früher ausgeschöpft zu sein scheint.
Die Texte greifen das Naturgeschehen zu verschiedenen Jahreszeiten auf, gehen ihnen aber manchmal voran, z. B. im Frühjahr. Man sollte keine Bedenken haben, die Imaginationen Nr. 9 und Nr. 10 zu meditieren, wenn die Natur draußen noch häßlich und grau ist. Gerade dann regt sich in uns nämlich das große Verlangen nach dem Frühling, dem wir nicht nur nachgeben dürfen, das wir auch nutzen können.
Ich habe diese Imaginationen mehrere Jahre lang geübt. Viele von ihnen haben im zweiten und dritten Jahr auf mich in ganz neuer Weise gewirkt, eine andere Resonanz hervorgerufen als zuvor. Der Text bleibt gleich, aber der Mensch ändert, entwickelt sich.
Am besten erscheint es mir, zu Jahresbeginn bei Imagination 1 anzufangen, als zweitbeste Möglichkeit bietet sich der Beginn einer neuen Jahreszeit an, als drittbeste jeder beliebige Zeitpunkt.

In Gruppen zu meditieren ist sehr schön. Nicht nur weil man Gleichgesinnte trifft und sich im gemeinsamen Tun verbunden fühlt, sondern weil die Kraft, die der eine entwickelt, auch dem anderen zugute kommt und schon bald als gemeinsames Kraftfeld gespürt wird. Einmal in der Woche gemeinsam üben zu können wäre ideal.

Die Gefahr des elfenbeinernen Turms

Ist Meditation die intensive Zuwendung zur geistig-seelischen Innenwelt durch das Tor der Subjektivität, so bedeutet die Lektüre von Büchern über den Sinn des Lebens, die Existenzproblematik, psychologische, philosophische und theologische Fragen eine Hinwendung zur objektiven geistig-seelischen Außenwelt.
Ich meine, wir sollten keinen Lebensstil pflegen, der uns dazu führt, uns selbst zu genügen, wir sollten uns vielmehr durch entsprechende Lektüre dem vorhandenen Wissensgut, dem Denken anderer öffnen und uns mit ihnen auseinandersetzen.
Ich sehe den Sinn weniger im Erwerb von Fachwissen als vielmehr in einer Sensibilisierung für das Drama der menschlichen Wahrheitssuche.
Allerdings ist mir die Spannung, die daraus entsteht, daß ich eine endgültige Antwort auf viele grundlegende Fragen noch nicht gefunden habe, lieber als die vorschnelle Befriedigung durch nicht restlos überzeugende Hypothesen. Sie gibt mir das Gefühl, Kontakt mit der Wirklichkeit des Daseins zu halten. Ist es nicht besser, unsere Sicherheit im Leben aus der Teilhabe an der inneren Welt zu gewinnen, anstatt aus einer Fixierung auf ideologische Konstrukte?

Für noch wichtiger halte ich aber die Pflege sozialer Kontakte, die aktive Zuwendung zu den Menschen unserer Umgebung, um der Gefahr des Sich-selbst-Genügens entgegenzuwirken. Diese Möglichkeit bietet sich auch demjenigen, dem es nicht gegeben ist, schwierige Bücher zu lesen.

Bedeutung und Wert der Symbole

Die vorliegenden Imaginationen meditativ aufzunehmen schließt eine Wertentscheidung mit ein. Also wird jeder vorher ihre Qualität prüfen wollen. Der Fachmann für Symbole kann dies ohne weiteres. Sie sind einer tiefenpsychologischen Deutung zugänglich.

Was aber soll derjenige tun, der über kein entsprechendes theoretisches Wissen verfügt? Um eine befriedigende Antwort auf die Frage nach der Symbolbedeutung zu erhalten, gibt es zwei Wege, einen extrem langen, höchst umständlichen, wenig fruchtbaren und einen kurzen, einfachen und gewinnbringenden.

Der lange Umweg bestünde darin, eine Interpretation, vorausgesetzt es gäbe sie, durchzuarbeiten. Nun kennzeichnet echte Symbole eine große Bedeutungsvielfalt. Sie haben Gültigkeit auf den verschiedensten Existenzebenen. Eine umfassende Interpretation zu liefern müßte zu einer Arbeit führen, die den Umfang der Imaginationen selbst um ein Vielfaches übersteigen würde. Zudem wäre sie für die Frage nach ihrem Wert aus praktischer Sicht von geringem Nutzen. Denn die Antwort kann jeder nur ganz persönlich geben, je nachdem, ob er sich angesprochen fühlt oder nicht. Das Gefühl ist, wie von der Psychologie her bekannt, eine ganzheitliche Funktion und sehr wohl in der Lage, ein sicheres Urteil zu fällen. Es wird denjenigen Symbolaspekt, der für die augenblickliche Lebenssituation des Prüfenden von Bedeutung ist, zum Klingen bringen. Anders ausgedrückt: Nachdem die Texte Grundsituationen des Erlebens darstellen, wird es jedem einzelnen möglich sein, sein Inneres in sie hineinzuprojizieren. Das ist der kurze Weg, der unmittelbar zum Ziel führt.

Dazu genügt allerdings die einfache Lektüre einer Imagination nicht, auch nicht eine mehrmalige. Das Gefühl wäre durch den vorherrschenden mentalen Standpunkt, der nach begrifflich faßbaren Bedeutungen sucht, zu stark eingeschränkt. Es käme zu keiner Tiefenreaktion, zu keiner Tiefenresonanz. Um sie zu erhalten, schlage ich vor, die Imaginationen in der obenbeschriebenen Weise von Phase 1 bis Phase 4 einmal auszuführen. Auch wenn sie dann auf keine Gegenliebe stoßen sollten, entstünde kein Schaden, denn die Wirkung einer nur einmal vollzogenen Meditation verblaßt schnell.

Einige Imaginationen sind aus rein mentaler Sicht in ihrem Bedeutungsgehalt und ihrer Tragweite gar nicht einzuschätzen. Von ihr aus ist z. B. Nr. 32 *Die Kinder am Meeresstrand* eine belanglose Anekdote. Der typisch Intellektuelle übersieht leicht, daß sie das Motiv von Tod und Auferstehung enthält und daß das Kind das Symbol der eigenen Zukunftsmöglichkeiten ist, des Neuen, das in uns wachsen will. Von Nr. 39 *Liebespaar im Mondschein* wird er schockiert sein, muß er sie doch, westlichem Geschmack folgend, für ein abgedroschenes Motiv trivialer Romantik halten. Ein Blick auf den Übungsvorschlag unter *Besonderer 2. Teil einiger Imaginationen*

(vgl. S. 227) zeigt jedoch, daß hier das Verhältnis der männlichen und weiblichen psychischen Anteile angesprochen wird. Ob sie positiv aufeinander bezogen sind, offenbart sich z. B. in unserer eigenen Erziehungspraxis, in dem Verhältnis von Liebe und Strenge, ob wir einseitig nur das eine Prinzip betonen oder uns der (unter Streßbedingungen sehr) mühsamen Aufgabe unterziehen, beide halbwegs in Einklang zu bringen. Was für den Nur-Intellektuellen so provozierend wirken muß, ist die starke Aufwertung der weiblichen Seite, die auch bei Frauen vernachlässigt sein kann, die sich einer einseitig männlich geprägten Berufswelt haben anpassen müssen. Bleibt sie aber minderwertig, dann muß beim Drachenkampf (Imagination Nr. 60) mit größeren Schwierigkeiten gerechnet werden. Es wird sich, zur größten Überraschung des Betreffenden, herausstellen, daß seine linke Hand den silbernen Speer nicht halten kann. Zwar kann mit der Hilfe positiver Kräfte gerechnet werden, doch sollte man nicht von Anfang an auf sie setzen.
Also wendet sich diese Art von Meditation nur an das Gefühl und enthält kein erkenntnismäßiges Element? – Keinesfalls. Das undifferenzierte Gefühl steht nur am Anfang, bei der ersten Prüfung. Beginnt man regelmäßig zu meditieren, gewinnt man die Erfahrung, inwieweit sie wirkt, ob sie uns das gibt, was sie verspricht und was wir uns von ihr erwarten. Wie bereits erwähnt, können wir uns mit den inneren Gestalten unterhalten, ihnen Fragen stellen. Zu einem späteren Zeitpunkt werden wir das, was wir erfahren haben, überdenken und daraus unsere Schlüsse ziehen. Der Weg des Erkennens führt also induktiv vom unmittelbar und konkret gegebenen Erlebnis über die Erfahrung zur verallgemeinernden Abstraktion.

Allerdings ist Vorsicht geboten. Die Art der Antworten hängt von der Art der Fragen ab, die wir stellen, und die wiederum von unseren Denkschemata. Wenn wir also nicht in einen beschränkten Subjektivismus verfallen wollen, tun wir gut daran, uns an der objektiven geistigen Welt zu orientieren. Und selbst dann gilt unsere Erfahrung primär nur für uns selbst. Aber was heißt hier «nur»?

Ein häufig verwendetes Motiv, das in Nr. 23 am stärksten ausgeprägt ist, nämlich den Rundgang im Uhrzeigersinn (vgl. die circumambulatio der Tiefenpsychologie) oder auch nur die einfache Bewegung nach rechts, möchte ich allerdings vorweg erklären. Wie oft im Leben haben wir schon auf die Uhr geschaut! Daß sich das Fortschreiten der Zeit in der rechtsdrehenden Kreisbewegung der Zeiger auf dem Zifferblatt ausdrückt, muß dem Unbewußten tief eingeprägt sein. Im Voranschreiten der Zeit vollzieht sich aber jede Entwicklung, das Leben. Also gehe ich davon aus, daß im Unbewußten eine enge Verknüpfung von Lebens- und Entwicklungskräften einerseits und der rechtsdrehenden Bewegung andererseits besteht. Um auszudrücken, daß jemand, z. B. ein Restaurationspolitiker, überholte, der Zeit nicht mehr entsprechende Zustände wiederherstellen möchte, sich also auf ein sinnloses und gefährliches Unterfangen einläßt, sagen wir, er möchte «die Uhr (um Jahrzehnte bzw. Jahrhunderte) zurückstellen», d. h. die Zeiger nach links drehen.

Aus dem bisher Gesagten dürfte klar hervorgehen, daß die Texte sinnbildlich gemeint sind und deswegen biologische Vorgänge nicht immer naturgetreu beschreiben. In Imagination Nr. 16 *Die Kastanie* wird das Wachstum eines Baumes, das ja in Wirklichkeit kontinuierlich vor sich geht, zur Erleichterung der Vorstellungsbildung in einzelne Abschnitte aufgegliedert. Diese Art des Vorgehens dient also nur dem schrittweisen Aufbau eines Gesamtbildes.

Die sprachliche Form der Imaginationen

Wie obenerwähnt, wurde ein großer Teil der Imaginationen für einen Meditationskurs geschrieben, in dem sie vorgelesen wurden. Daraus erklärt sich die häufige Verwendung des Wortes «wir». Ich habe diese Formulierung belassen. So kann sich der Meditierende beim Lesen mit anderen Übenden geistig verbunden fühlen, auch wenn er sie nicht kennt.

Mein Problem beim Erstellen der Texte bestand darin, Schilderungen und Vorgänge so genau wie möglich und so allgemein verständlich wie möglich zu halten. Auf jeden Fall sollten auch Kinder die Texte beim Vorlesen auf Anhieb verstehen können. Dies führte notwendigerweise zu Pleonasmen wie «rote Mohnblumen» und «blaue Kornblumen» (Imaginationen Nr. 12 und Nr. 36) oder zu vagen Formulierungen wie «vielfarbige Dahlien und Astern» (Imagination Nr. 40).

Um ganz sicherzugehen, daß alles richtig verstanden wurde, nahm ich gelegentlich auch Redundanz in Kauf. In gepflegter Sprache wird die Wiederholung des unmittelbar vorausgehenden Wortes vermieden, was durch die Verwendung von Fürwörtern leicht zu bewerkstelligen ist. Auch hier habe ich gegen ästhetische Prinzipien verstoßen, und zwar aus folgendem Grund: Der Inhalt eines Kurzabsatzes soll unmittelbar in ein Bild umgesetzt werden, bei dem man, wenn auch nur kurz, verweilt. Würde in einem darauffolgenden Satz durch Gebrauch eines Fürwortes ein gedanklicher Bezug zum vorhergehenden hergestellt, so könnte der Kursteilnehmer genötigt sein, nachzudenken, wie dieser Satz hieß. Er würde sich der mentalen Ebene wieder annähern, wo er sich doch in einem gewissen Dämmerzustand auf der Bildebene befindet. Und das soll vermieden werden. Außerdem werden Wortwiederholungen bewußt eingesetzt, wenn sie das Hauptmotiv ausdrücken, z. B. Sonne, Wasser, Wind. Die Vorstellungsbildung soll durch den Eigenwert des betreffenden Wortes verstärkt werden. Man denke auch an das Prinzip der Wiederholung, dem die Litanei folgt.

Manchmal habe ich eine umständliche Formulierung der knapperen vorgezogen, so z. B. «Wir wohnen in einem Haus, das uns gehört» statt: «Wir wohnen in unserem eigenen Haus» (Imagination Nr. 7), weil ich die konnotative Wirkung des Wortes «gehören» auf das Unbewußte haben wollte und die des Wortes «eigen» nicht.

Beim bloßen Lesen müssen diese Texte ungelenk, schwerfällig und zerstückelt wirken. Aber dafür sind sie ja nicht geschrieben worden.

Der Ursprung dieser Meditationsform

Die Grundlagen verdanke ich meinem verstorbenen Lehrer, dem Psychologen Winfried Schmitt, München, der mich in die Meditation eingeführt hat und dessen Vorträge über Tiefenpsychologie und religiöse Fragen mir großen persönlichen Gewinn gebracht haben.

Später habe ich Anregungen durch die Lektüre von Büchern über Meditation oder Themen, die mit ihr in einem gewissen Zusammenhang stehen, aufgenommen und verarbeitet. Wer auf diesem Gebiet bewandert ist, wird die Zusammenhänge sehen.

Das Imaginationstraining habe ich selbst entwickelt.

Die Ich-bin-Meditation in anderer Form verdanke ich ebenfalls meinem Lehrer. Es wurde, gewissermaßen in Vorwegnahme eines angestrebten Idealzustandes bzw. um einem höheren geistigen Prinzip zum Durchbruch zu verhelfen, die Formulierung verwendet: «Ich bin Ruhe.» Oder: «Ich bin Licht.» Die vorliegende modifizierte und differenzierte Fassung stammt von mir.

Angeregt zur Ich-bin-Meditation wurde mein Lehrer von dem Theologen Friedrich Rittelmayer, der in seinen Veröffentlichungen, besonders in dem Buch *Meditation,* die Bedeutung der Worte «Ich bin» herausstellt, wenn sie von Christus ausgesprochen werden. Rittelmayer mißt dem Umstand, daß Christus im Johannesevangelium siebenmal die Worte «Ich bin» spricht (z. B. «Ich bin der Weg, die Wahrheit und das Leben»), eine ganz besondere anthropologische Tragweite zu, und zwar insofern, als sie das menschliche Ich generell aufwerten, ihm eine zukünftige Entwicklungsmöglichkeit eröffnen und es heiligen. Diese Auffassung steht im Gegensatz zu jenen spirituellen Strömungen, die im Ich des Menschen nur jene Instanz sehen, die ihn vom Göttlichen trennt.

Der philosophische Kontext

Leben – Ich bin
Cogito (ergo) sum
Ich denke – Ich bin

Die Ähnlichkeit der formelhaften Satzstruktur in beiden Aussagen ebenso wie ihr fundamentaler Gegensatz springen ins Auge.
Während Descartes die Existenz des Menschen auf eine Teilfunktion, nämlich das Denken, gründet, verankert sie der Meditierende in einem Ganzen, Ungeteilten, hier im Leben.
Während Descartes die geistige Existenzberechtigung des Menschen von einer Eigenfunktion, nämlich dem Denken, ableitet und ihn so zu einem isolierten Wesen macht, empfängt sie der Meditierende aus einer objektiv gegebenen Qualität, hier dem Leben, und sieht sich insofern als eingebundenes Wesen, als ein Wesen, dessen Lebensgrund außerhalb seiner selbst liegt.
Während Descartes den Menschen als geistiges Wesen auf eine einzige Eigenfunktion beschränkt, öffnet sich der Meditierende einer Summe positiver Qualitäten der geistigen Welt, nämlich Licht, Leben, Liebe; Ruhe, Stille, Friede; Reinheit, Freude, Freiheit; und sieht sich hineingestellt in die Verbindung des Himmels mit der Erde in Treue zur Erde aus der Ganzheit.

Zwei Iche – zwei Welten

II. Teil

Ein Orientierungsprozeß

Nachdem der Meditierende mehrere Jahre, mindestens aber ein Jahr lang, die Imaginationen Nr. 1 bis Nr. 52 geübt hat, sich so in die Meditation eingelebt und Kraft gesammelt hat, kann er zu Neuem fortschreiten. Er kann sich den Imaginationen Nr. 53 bis Nr. 55 zuwenden, die insofern eine in sich geschlossene Gruppe bilden, als sie der persönlichen Orientierung dienen. In Imagination Nr. 53 *Aufbruch* sucht er die Hilfe eines inneren Ratgebers, den auch die Imaginationstherapie kennt und mit dem Begriff «innerer Begleiter/innere Begleiterin» bezeichnet.[8] Dieser Gestalt kommt eine Schlüsselfunktion zu, denn keine Entscheidung, welche die eigene Meditationspraxis anlangt, sollte ohne sie getroffen werden. Ein Weitergehen zu den folgenden Imaginationen ist nur auf ihre Empfehlung hin ratsam. Sie kann dann zu uns sprechen, wenn wir eine passive bzw. rezeptive Haltung einnehmen, ganz still und gelassen werden, nachdem wir ihr zuvor unser Herz ausgeschüttet haben.

Wer Trost sucht, sich aussprechen möchte, weil er eine schwere Last zu tragen hat, tut gut daran, schon früher, eventuell ganz am Anfang, zu dieser Imagination zu greifen.

Wenn sich der innere Begleiter zeigt, fragen wir ihn, ob wir zu den Imaginationen Nr. 54 und Nr. 55 fortschreiten sollten, die wir vorher gelesen haben, ohne uns dabei in

meditativen Entspannungszustand versetzt zu haben. Wenn auch nach längerem Bemühen (ca. 14 Tage) keine hilfreiche Gestalt auftritt, empfiehlt es sich, zu den Imaginationen des Jahreskreises zurückzukehren, denn wir müssen aus diesem Umstand schließen, daß der Kontakt zu unserem Unbewußten noch nicht ausreicht.
Imagination Nr. 54 *Der wilde Mann auf dem Marktplatz* hat zum Ziel, unsere ganze Lebensführung, unsere Grundhaltung zum Leben, in Frage zu stellen. Wir ziehen uns von allem Äußeren, von allem Wünschen und Wollen (vorübergehend) zurück und überlassen uns ganz dem Arzt und der Krankenschwester, einem neuen Aspekt des inneren Begleiters. In der rezeptiven Phase nach der meditativen Aufnahme der Imagination erhält der innere Arzt Gelegenheit, uns einen Hinweis auf verborgene Schwächen zu geben. Die Krankenschwester, die den weiblichen, helfenden, mütterlichen Aspekt darstellt, wodurch der innere Begleiter auch zum inneren Helfer wird, kann schon mit einer Therapie beginnen.
In Imagination Nr. 55 *Die Wanderung zur Stadt auf dem Berg* gehen wir ein Stück des Weges, der zum Ziel führt. Wir erhalten einen Ausblick darauf, müssen aber damit rechnen, daß sich in der passiven Phase am Schluß der Meditation etwas von dem zeigt, was uns als inneres Hindernis noch vom Erreichen des Zieles abhält.
Diese Imagination stellt also einen Test dar, der uns darüber Auskunft gibt, wie stark die innere Negativität ist, die aufgearbeitet werden muß. Jetzt steht wieder eine Entscheidung an, und zwar darüber, ob wir sie jetzt schon aufdecken oder damit lieber noch warten sollen. Zu ersterem entschließen wir uns nur, wenn uns der innere Begleiter unmißverständlich dazu rät. Seine Emp-

fehlung dazu können wir insofern überprüfen, als sie nur erfolgen kann, wenn wir uns auch innerlich stark genug fühlen.

Warum ist es nötig, hier erneut den inneren Begleiter zu befragen? Warum kann er uns nach Imagination Nr. 53 nicht ein für allemal sagen, was zu tun ist? – Als Instanz des Unbewußten weiß er mehr als das bewußte Ich, aber wir erhalten von ihm nur Auskunft über Fragestellungen, die aktuell sind, über Entwicklungsprozesse, die akut sind. Über Negativität, die in tieferen Schichten ruht, an die unsere in der Meditation entwickelte Kraft noch nicht heranreicht, schweigt er. Und wir können froh darüber sein. Uns ist ja Zeit gegeben, um eine Aufgabe nach der anderen anzugehen und zu bewältigen. Je weiter wir in der Meditation fortschreiten, desto enger wird der Kontakt mit dem inneren Begleiter werden, immer häufiger wird er uns unaufgefordert sagen, wie wir meditieren sollen, er wird im Sinne Dürckheims[9] zum inneren Meister werden.

Die bewußte Inangriffnahme der inneren Negativität

Wer unter Beherzigung all dessen, was im vorausgehenden Abschnitt diskutiert worden ist, sich dazu entschließt, seine innere Negativität aktiv aufzudecken, dem empfehle ich folgende Art des Vorgehens:

An die oben (S. 38 ff.) dargestellten vier Phasen schließt er eine fünfte an, indem er innerlich spricht: **«Ist jemand da, der es begrüßt, daß ich diese Imagination gemacht habe bzw. mich an diesem Ort befinde?»**

Damit werden die positiven Kräfte, mit denen er sich zuvor verbunden hat, aufgefordert, sich zu zeigen.
Er kann dann weiterfragen: «Warum findet ihr dies gut?» und wird noch größere Klarheit darüber erhalten, was die betreffende Imagination für ihn persönlich bedeutet.
Ermutigt durch den Anblick der schönen und hellen Gestalten und ihre guten Worte, kann er nun die negativen auffordern, sich zu zeigen, indem er umgekehrt fragt:
«Ist jemand da, der dagegen ist bzw. es nicht mag, daß ich diese Imagination gemacht habe bzw. mich an diesem Ort befinde?»
Sobald sich eine negative Gestalt zeigt, richtet er Schwert und Lanze auf sie und wandelt sie um. Erst danach unterhält er sich mit ihr. Den Abschluß bildet eine, wenn auch kurze Phase der Passivität.
Für einige Imaginationen schlage ich eine besondere Fragestellung vor. (Vgl. S. 227.)

In der beschriebenen Weise kann ein Jahreszyklus von Imaginationen durchgegangen werden. Wir werden bei einigen von ihnen viel zu kämpfen haben und uns lange bei ihnen aufhalten, bei anderen werden wir dafür in wenigen Tagen vorankommen, so daß der jahreszeitliche Bezug im wesentlichen gewahrt bleibt.
Vielleicht war uns die eine oder andere Imagination nicht so gelegen, als wir sie zum ersten Mal durchgeführt haben, sind schnell über sie hinweggegangen oder haben sie sogar ausgelassen. Auf dieser Stufe sollten wir uns ihnen um so gründlicher zuwenden.

Obwohl wir uns darauf verlassen können, daß uns das Unbewußte in kritischen Situationen die rettenden Ein-

fälle zusendet, möchte ich doch einige Ratschläge geben.
Fall 1. Die negative Gestalt löst sich in Einzelteile auf. – Wir stellen uns beim Aussprechen der Ich-bin-Worte eine von unserem Körper ausgehende, senkrecht aufgestellte goldene Schale vor, die sich mit hinaus bewegt und die Einzelteile einsammelt.
Fall 2. Der Gegner versucht, uns von hinten anzugreifen. – Wir drehen uns um und holen ihn mit unseren Waffen nach vorne zurück.
Fall 3. Er überrennt uns und kommt von allen Seiten, auch von oben. – Dies ist sicherlich die schwierigste Situation, in die man geraten kann, aber sie ist zu meistern. Zuerst mag es genügen, sich mehrere Schwerter und Lanzen vorzustellen, mit denen wir kämpfen können. Im Extremfall hilft die Technik des Einigelns. Wir imaginieren Strahlen, die von unserem Körper in alle Richtungen gehen und durch welche wir die Worte «Ich bin – Licht, Leben, Liebe» aussenden. Hilft auch das nichts, so lassen wir die Vorstellung des Igels in die einer Kapelle übergehen, in der wir uns befinden. Dann beenden wir die Meditation, schütteln den Entspannungszustand ab, bewegen uns kräftig und wenden uns entschlossen der Außenwelt zu. Ganz ähnlich geht man in der Psychotherapie vor.[10]
Wenn wir bei der nächsten Meditation am folgenden Tag die gleiche negative Gestalt auffordern, sich zu zeigen, kann es sein, daß sie nicht mehr auftritt, auch später nicht mehr. Ich interpretiere diesen Umstand als Zeichen dafür, daß die positiven Kräfte von alleine weitergewirkt und das negative Potential umgewandelt haben. Andererfalls müssen wir noch einmal kämpfen, aber diesmal wird es leichter sein.

Im Vorgriff auf Imagination Nr. 60 *Der Kampf mit dem Drachen,* die jetzt noch nicht gemacht werden sollte, möchte ich den Hinweis geben, daß sich mehrere Etappen der Umwandlung an aufeinanderfolgenden Tagen bzw. im Abstand von Wochen oder Monaten als notwendig erweisen dürften. So wird es genügen, den Drachen beim ersten Mal von Schwarz in Rot zu wandeln, um dann in der dort beschriebenen Weise den Rückzug anzutreten. Beim zweiten Mal kann man schon darangehen, das Rot aufzulichten. Bei dieser oder einer weiteren Begegnung kann es sein, daß uns der Gegner von den Lichtgestalten abgenommen wird, die immer in unserer Nähe sind, die vielleicht schon früher in das Geschehen eingegriffen und mitgekämpft haben. Sie fesseln ihn dann und führen ihn ab.

In so extremen Situationen kann immer mit dem Beistand von starken Lichtgestalten gerechnet werden. Sie sind das Ergebnis der vielen Übungen, die wir in vorausgehenden Jahren gemacht haben, ohne die Konfrontation mit der Negativität zu suchen. Sie dürften den größten Teil der benötigten Kraft ausmachen, wobei das handelnde Ich nur die Speerspitze darstellt.

Bei Auseinandersetzungen dieser Dimension liegt es nahe, zu vermuten, daß nicht nur Kräfte unseres persönlichen Unbewußten im Spiel sind. Um zu erfahren, womit ich es zu tun hatte, habe ich an die umgewandelten Gestalten immer diesbezügliche Fragen gerichtet. Und zwar habe ich sie zuerst nach ihrem Namen gefragt. Antworteten sie mit meinem eigenen Vornamen, so folgerte ich daraus, daß es sich bei ihnen um eine persönliche bzw. im Leben erworbene Negativität handelte. Nannten sie auch meinen Familiennamen, so schloß ich auf familiäre bzw.

ererbte Negativität. Wenn ich weiterfragte, wurde oft ein Körperorgan genannt. Die Gestalten waren dann auch schöne kleine Kinder, die den Wunsch äußerten, wieder in dieses Organ zurückzukehren, also aus der Projektion zurückzutreten. Andere Gestalten nannten Namen, die weder mit mir noch irgendwelchen anderen Menschen, die ich kenne, etwas zu tun hatten. Sie waren meist größer, dann aber auch kleiner als ich selbst. Nach der Umwandlung entfernten sie sich, offensichtlich erfreut über diesen Umstand. Bei ihnen handelt es sich wohl um diejenigen Kräfte des kollektiven Unbewußten, die C. G. Jung als «autonom» bezeichnet. Eine Unterhaltung darüber, was sie so dunkel gemacht hatte, halte ich durchaus für möglich und sinnvoll. Oft genug überraschten mich ihre Antworten, waren also nicht bloß Ausdruck einer von mir im stillen gehegten Vermutung. Trotzdem meine ich, daß die eigene geprägte Weltanschauung bzw. das durch den eigenen Kulturkreis festgelegte System von Überzeugungen hinsichtlich der inneren Welt bestimmte Antworten begünstigt und sich gegen andere sträubt. Erkenntnis würde demnach mitbestimmt von dem Ausmaß, in dem wir uns auch der Vorstellungswelt anderer Kulturen öffnen. Oft sind von der allgemeinen Denkgewohnheit abweichende Konzepte in einer Subkultur des eigenen Landes anzutreffen oder waren früher einmal da vorhanden.

Um ein Beispiel für die Nützlichkeit einer Begriffserweiterung zu geben, möchte ich einen Exkurs in die Anthropologie und die alternative Medizin unternehmen. Es gilt in der westlichen Welt als selbstverständlich anzunehmen, der Mensch bestehe aus Leib und Seele. Aber nach indischer Auffassung haben wir auch einen Pranakörper.

Mit Prana wird universelle Energie bezeichnet. Ganz ähnlich spricht die Anthroposophie von einem Äther- bzw. Bildekräfteleib. Daß Seelisches, z. B. Ärger, auf den physischen Körper wirken und in diesem Fall Magengeschwüre hervorrufen kann, ist von der psychosomatischen Medizin her allgemein bekannt. Wie aber wirkt rein Seelisches auf die Körpermaterie? – Es liegt doch nahe, als Medium einen Energieleib anzunehmen, der Seele und Körper verbindet. Von energetischen Vorstellungen geht z. B. die chinesische Medizin aus mit ihren Meridianen, die ja als nicht-materielle Kräftebahnen aufgefaßt werden. Die Akupunktur beruht auf diesem Konzept. Energetisch, nicht materiell wirkende Heilmittel will die Homöopathie durch Potenzierung herstellen, die anthroposophische Medizin durch Dynamisierung, zwei Begriffe, die das gleiche bezeichnen. Definitionsgemäß sollen sie also das energetische System des Kranken beeinflussen. In diesem Zusammenhang gesehen, erhält das Wort von Paracelsus, der als «Vater der abendländischen Medizin» bezeichnet worden ist, erst seine volle Bedeutung. Er sagte, nicht der Stoff, sondern die Kraft mache die Arznei aus.

Was hat das alles mit Meditation zu tun und mit der Interpretation der inneren Bilder? – Wenn die Meditation stärker zu wirken beginnt, wird sie vor allem als energetisches Geschehen erlebt. Es sind kraftgeladene Bilder, die auf den Meditierenden einwirken. Oder sind es Kräfte, deren Qualität sich in Bildern manifestiert? Wie dem auch immer sei, entscheidend ist, daß Bild und Kraft gemeinsam auftreten.

Wenn das intensive Einwirken positiver Kraft eine entsprechende negative in uns freisetzt, die wir auch als körperliche Schmerzen in einem Organ empfinden können, das uns vielleicht schon immer zu schaffen gemacht hat, so müssen wir doch daraus schließen, daß sie irgendwie, in einem verkappten Zustand eventuell, immer schon in uns dagewesen ist. Eine eingehende ärztliche Untersuchung kommt u. U. zu dem Ergebnis, daß keine organische Veränderung vorliegt. Die Diagnose lautet dann etwa «nervöse Störung», was uns auf uns selbst zurückverweist. Hier hilft die Vorstellung von einem Kräfteleib weiter, auf den wir in geeigneter Weise positiv einwirken können.

Wenn das Geschehen in der Meditation, im allgemeinen gesehen, erst durch die Einführung eines neuen Konzeptes ganz verständlich wird, dann ist es doch denkbar, daß tieferliegende Aspekte der latenten Negativität auch erst durch eine entsprechende geistige Neuorientierung erfaßt werden können. (Vgl. dazu S. 74 f.)

Eine weitere Überlegung könnten wir anstellen: Wenn schon bei tiefgreifenden Veränderungen in der Seele starke Kräfte ins Spiel kommen, müßte dann nicht die Begegnung mit einem Geistigen, das etwas anderes ist und weit mehr als nur Intellekt, erst recht eine Berührung mit einer Kraft sein?

III. Teil

Stationen im Prozeß zunehmender Ganzwerdung

Die Imaginationen Nr. 56 bis Nr. 60 sollen den Prozeß der Ganzwerdung noch stärker voranbringen. Die zugrundeliegenden Motive sind in besonderem Maße geeignet, innere Gegenkräfte freizusetzen, und sollten deshalb erst dann in Angriff genommen werden, wenn die Imaginationen des Jahreszyklus in der auf den Seiten 63f. beschriebenen Weise mindestens einmal durchgegangen worden sind. Was dort über die Bedeutung des inneren Begleiters gesagt worden ist, gilt hier selbstverständlich weiterhin. Die Motive selbst möchte ich nicht kommentieren. Die eigene Erfahrung wird ihre Bedeutsamkeit erhellen. Die Imaginationen Nr. 56 bis Nr. 58 werden von der Thematik her demjenigen vertraut sein, der sich schon mit der Psychologie von C. G. Jung beschäftigt hat. Imagination Nr. 59 ist natur-mythologisch. Imagination Nr. 60 *Der Kampf mit dem Drachen* entwickelt ein aus der Religion bekanntes Motiv. Wer mehr darüber wissen will, auch über sein Erscheinen in Märchen, Mythos, Sage und Legende, dem sei das Buch *Drachenkampf* von Uwe Steffens empfohlen.

Weitere Entwicklungsmöglichkeiten

Nachdem der Meditierende mehrere Jahre nach Maßgabe der sechzig Imaginationen geübt hat und unter Führung des inneren Meisters Negativität umgewandelt hat, kann er seinen Weg selbständig weitergehen.
Jetzt ist auch der Zeitpunkt gekommen, wo die individuelle Weiterentwicklung einer Imagination unproblematisch und gewinnbringend ist.
In dem Maße, wie sich die eigene Meditationskraft vertieft, wird man zwar immer wieder Schattenfiguren begegnen, auch solchen, zu denen offensichtlich keine schicksalhafte Beziehung besteht. Der innere Meister wird uns sagen, ob wir sie umwandeln sollen oder nicht. Wenn nicht, wird die Gestalt auch wieder verschwinden.
Die Entwicklungsmöglichkeiten, die dem einzelnen offenstehen, hängen nun von seinen persönlichen Voraussetzungen ab. Ganz unterschiedliche Wege sind denkbar, so daß es nicht mehr möglich ist, für alle gültige Hinweise zu geben. Was aber dem einen widerfährt, kann für einen anderen in ähnlicher Weise zutreffen. Deshalb möchte ich noch einige Gesichtspunkte ansprechen, die mir bedeutsam erscheinen.
Die Passivität hat bei mir zunehmende Bedeutung erlangt. Ich brauche meine ganze Kraft, nur um aufzunehmen, was von allein in mich einfließen will. Ich merke, daß ich in dieser Hinsicht noch viel Training brauche.
Dieses Einströmen geschieht in der Form, daß nach Abschluß einer Imagination das Geschehen sich von allein weiterentwickelt, wobei freundliche Gestalten auf mich einwirken. Es kann auch sein, daß ich mit einer Imagination beginne, die dort beschriebene Landschaft sich aber

zunehmend verändert, was mit starken Eindrücken von Licht einhergeht. Wenn ich mich hinsetze, um mir die wöchentliche Imagination vorzunehmen, stellt sich oft die entsprechende Endsituation schon in der ersten Passivitätsphase ein und entwickelt sich weiter. Ein anderes Mal ist es ein neues Geschehen, das auch Elemente aus ganz anderen Imaginationen enthalten kann.

Neben diesen «rezeptiven» Imaginationen stellen sich auch Zustände der Stille, der «erfüllten Leere» ein. Wenn sie von irgendwelchen, mir irrelevant erscheinenden Bildern gestört werden, genügt die Wiederholung der Ich-bin-Worte, um sie loszuwerden.

Trotzdem habe ich weiterhin versucht, Schattenkräfte aufzuspüren. Die Imagination Nr. 60 habe ich in größeren Zeitabschnitten mehrmals wiederholt, wobei der nötige Kraftaufwand zunehmend geringer wurde. Schließlich zeigte sich keine negative Kraft mehr. Stattdessen spielte sich eine friedliche Szene ab.

Ich habe nun in einer anderen Richtung einen Vorstoß unternommen. Den geistigen Hintergrund bildet eine mythologische Aussage Platos, von der ich vor vielen Jahren in einem Vortrag gehört und die mich damals sehr beeindruckt hatte. Und zwar sagt Plato, der urzeitliche Mensch sei eine Kugel gewesen, die so mächtig über die Erde rollte, daß die Götter erschraken. Sie beschlossen, den Menschen zu schwächen, und zerschlugen ihn in zwei Teile. Seitdem suchen sich die getrennten Hälften als Mann und Frau. Solange man dieses Mythologem nur auf die äußere Welt bezieht – das war meine Überlegung –, kann es für die Meditation nicht genutzt werden. Wendet man es aber auf den einzelnen Menschen an, der ja auch aus zwei gleichen Hälften besteht, von denen eine gewisse Tradition sagt, die linke sei weiblich, die rechte sei männlich geprägt, dann wäre die zerteilende negative Kraft in der gedachten Fläche zu finden, welche die beiden Hälften trennt. Ich fragte nach einer positiven Gegenkraft und wurde zu Imagination Nr. 36, *Die Kapelle zwischen Kornfeld und Weinberg,* geschickt. In der Kapelle trat dann der Spiritus loci auf, der mir sagte, was zu tun sei, um an dieser Form der Negativität zu arbeiten. Das Problem ist zwar menschheitlich und nicht individuell, trotzdem kann ich keine näheren Angaben machen, da alles davon abhängt, diesem ortsspezifischen Führer zu begegnen.

Die zentrale Bedeutung des Kreuzsymbols

Wenn es ein Zeichen gibt, in dem sich der Gehalt aller 60 Imaginationen zusammenfassen läßt, dann ist es das Kreuz. Nicht nur weil wir beim Meditieren ein gewisses Maß an Leiden auf uns nehmen müssen, sondern weil die inneren Bewegungen, die wir ausführen, ein Kreuz darstellen, genauer gesagt, ein dreidimensionales Raumkreuz.

Dürckheim[11] wie auch mein Lehrer geben technische Anweisungen zur Meditation dieses Raumkreuzes, die ich sinngemäß, mit Varianten, weitergebe: Man suche den Mittelpunkt seines Bauches und schicke auf einem gedachten geradlinigen Strahl beim Einatmen das Wort «Ich» von dort nach links in den umgebenden Raum, beim Ausatmen hole man von dort her das Wort «bin» zum Mittelpunkt zurück. Darauf sendet man genauso einen Strahl nach rechts, anschließend nach vorn und hinten, nach oben und unten. Da diese inneren Bewegungen nicht ganz leicht vorzustellen sind ebensowenig wie die Umstellung von der einen zur anderen, bietet es sich an, den Strahl mehrmals, z. B. dreimal, in die gleiche Richtung zu schicken. Wer über die nötige Konzentrationskraft verfügt, kann die Bewegung in die jeweils gegenläufigen Richtungen, also nach links und rechts, vorn und hinten, oben und unten, gleichzeitig vollziehen. Als Mittelpunkt kann auch die entsprechende Stelle im Rückgrat (volkstümlich «Kreuz» genannt), die auf gleicher Höhe liegt, gewählt werden (nicht aber das organische Herz, weil es zu stark belastet werden könnte). Nach jedem Durchgang kann die Reichweite der Strahlen erhöht werden, wobei sie in jede Richtung die gleiche Länge haben sollten, bis sie z. B. beim dritten Mal das vorstellbare Maximum erreichen. Die begleitenden Worte können natürlich variiert werden, z. B. «Ich» beim Einatmen und Aussenden, «bin» beim Ausatmen und Hereinholen, «Licht» beim Einatmen und Aussenden der Strahlen.

Schon die Grundhaltung beim Sitzen stellt ein Element des Kreuzes dar, nämlich eine dynamische Vertikale; dynamisch insofern, als wir uns gerade aufrichten, gleichzeitig aber in den Schultern los- und im Beckenraum niederlassen, also eine gegenläufige Bewegung ausführen.

Bei den Imaginationen selbst gehen wir in den vor uns liegenden Raum hinaus und wenden uns nach hinten (letzteres z. B. in Imagination Nr. 33 und immer, wenn wir uns an einen Baum, ein Kreuz, eine Säule, eine Bank anlehnen und von hinten stützen lassen). Wir steigen nach oben auf einen Berg oder einen Turm. Wir steigen wieder nach unten, auch dann, wenn wir nach einer Wo-

che des Aufsteigens (vgl. Imagination Nr. 52) einen tiefgelegenen Ausgangspunkt wählen (vgl. Imagination Nr. 1). Warum wir uns häufig nach rechts, aber nur einmal für die ganze Strecke bis zum Ziel des inneren Weges nach links wenden und von dort her zurückkommen (vgl. Imagination Nr. 4), habe ich an anderer Stelle bereits begründet (vgl. S. 56). Manchmal gehen wir von der Peripherie zur Mitte (vgl. Imagination Nr. 5), ein anderes Mal umkreisen wir sie (vgl. Imagination Nr. 25) und stellen so das Kreiselement des irischen Sonnenkreuzes dar, oder aber wir verweilen in der Mitte und blicken in den umgebenden Raum (vgl. Imagination Nr. 49).
Sind denn diese Bewegungen etwas Besonderes, handelt es sich bei ihnen nicht schlicht und einfach um die verschiedenen natürlichen Richtungen, die uns im profanen äußeren Leben eben zur Verfügung stehen?
Gewiß sind sie natürlich. Wenn wir sie im Inneren ausführen, verhalten wir uns also naturgemäß, akzeptieren unsere menschliche Natur und die dreidimensionale Welt, in der wir leben, das allgemein menschliche Schicksal. Insofern ist das Kreuz nicht ausschließlich das Symbol des Christentums, sondern ein allgemeines, menschheitliches. Als Heilszeichen findet es sich auch unabhängig vom Christentum und vom jeweils anderen Kulturkreis z. B. bei einem Teil der Ureinwohner Amerikas und in einer Naturreligion im zentralasiatischen Hindukusch. Die möglichen Bewegungen im Raum innerlich, d. h. symbolhaft, voll akzeptieren, tut das nicht jeder, auch ohne besondere innere Anstrengung? – Nicht ohne weiteres! Der Frage, inwieweit wir die Gesetzmäßigkeit der raum-zeitlichen Welt auf der seelischen Ebene bejahen und nachvollziehen, ist der Psychotherapeut Fritz Rie-

mann nachgegangen, den ich deshalb ausführlich zitieren möchte. Er schreibt:

«Die Grundformen der Angst hängen mit unserer Befindlichkeit in der Welt zusammen, mit unserem Ausgespanntsein zwischen zwei großen Antinomien, die wir in ihrer unauflösbaren Gegensätzlichkeit und Widersprüchlichkeit leben sollen. Ich möchte diese beiden Antinomien an einem Gleichnis verdeutlichen, das uns in überpersönliche Ordnungen und Gesetzmäßigkeiten einfügt, deren wir uns im allgemeinen nicht bewußt sind, die aber dennoch wirklich sind.
Wir werden in eine Welt hineingeboren, die vier mächtigen Impulsen gehorcht: Unsere Erde umkreist in bestimmtem Rhythmus die Sonne, bewegt sich also um das Zentralgestirn unseres engeren Weltsystems, welche Bewegung wir als Revolution, ‹Umwälzung›, bezeichnen. Gleichzeitig dreht sich dabei die Erde um ihre eigene Achse, führt also die Rotation, ‹Eigendrehung›, benannte Bewegung aus. Damit sind zugleich zwei weitere gegensätzliche bzw. sich ergänzende Impulse gesetzt, die unser Weltsystem sowohl in Bewegung halten wie diese Bewegung in bestimmte Bahnen zwingen: die Schwerkraft und die Fliehkraft. Die Schwerkraft hält unsere Welt gleichsam zusammen, richtet sie zentripetal nach innen, nach der Mitte strebend, aus und hat etwas von einem festhalten und anziehen wollenden Sog. Die Fliehkraft strebt zentrifugal, die Mitte fliehend, nach außen, sie drängt in die Weite und hat etwas von einem loslassen, sich ablösen wollenden Zug. Nur die Ausgewogenheit dieser vier Impulse garantiert die gesetzmäßige, lebendige Ordnung, in der wir leben, die wir Kosmos

nennen. Das Überwiegen oder das Ausfallen einer solchen Bewegung würde die große Ordnung stören bzw. zerstören und ins Chaos führen.
Stellen wir uns einmal vor, die Erde würde einen dieser Grundimpulse aufgeben. Gäbe sie z. B. die Revolution, die Umkreisung, der Sonne auf und würde nur noch die Rotation, die Drehung, um die eigene Achse vollziehen, würde sie die Größenordnung eines Planeten übersteigen und sich als Sonne gebärden, als Mittelpunkt, um den sich die anderen Planeten zu drehen hätten. Sie würde sich also nicht mehr in die ihr vorgeschriebene Bahn um die Sonne einfügen, sondern nur noch ihr eigenes Gesetz leben.
Gäbe die Erde dagegen die Rotation, ihre Eigendrehung, auf und würde sie nur noch um die Sonne kreisen, sänke sie von der Planetenstufe auf die eines Trabanten, eines Mondes herab, der Sonne immer die gleiche Seite zuwendend in größter Abhängigkeit. In beiden Fällen würde sie also ihre Planetengesetzlichkeit: abhängiges Sicheinfügen und dennoch unabhängige Eigendrehung zu haben, durchbrechen.
Weiter: Hätte die Erde keine Schwerkraft, das Zentripetale, würde sie nur der Fliehkraft unterliegen und chaotisch zerbersten, aus der Bahn kommen, und vielleicht mit anderen Weltkörpern zusammenstoßen. Und würde sie schließlich nur der Schwerkraft gehorchen ohne den Gegenimpuls der Fliehkraft, des Zentrifugalen, müßte das zu völliger Erstarrung und Unveränderlichkeit führen oder zu passivem Aus-der-Bahn-gezogen-Werden durch andere Kräfte, denen sie keine eigene Kraft entgegenzusetzen hätte.
Und nun zu dem Gleichnis: Nehmen wir einmal an – was

eigentlich sehr naheliegt –, daß der Mensch als Bewohner unserer Erde und als winziges Teilchen unseres Sonnensystems auch dessen Gesetzmäßigkeiten unterworfen sei, und daß er damit die beschriebenen Impulse als unbewußte Triebkräfte und zugleich als latente Forderungen in sich trage, so führt uns das zu sehr überraschenden Entsprechungen. Wir brauchen nämlich nur jene Grundimpulse auf der menschlichen Ebene ins Psychologische zu übersetzen, also nach ihren Entsprechungen im seelischen Erleben zu fragen, dann stoßen wir auf die erwähnten Antinomien, zwischen denen unser Leben ausgespannt ist, und, wie wir sehen werden, zugleich auf jene Grundformen der Angst, die im Zusammenhang damit stehen und so einen tieferen Sinn bekommen.

Der Rotation, der Eigendrehung, entspräche psychologisch sinngemäß die Forderung zur Individuation, also dazu, ein einmaliges Einzelwesen, ein Individuum, zu werden. Der Revolution, der Bewegung um die Sonne als unserem Zentralgestirn, entspräche die Forderung, sich einzuordnen in ein größeres Ganzes, unsere Eigengesetzlichkeit, unser eigenes Wollen zu begrenzen zugunsten überpersönlicher Zusammenhänge. Damit hätten wir die erste Antinomie umschrieben, die die gegensätzlichen Forderungen enthält, daß wir sowohl wir selbst werden als uns in überindividuelle Zusammenhänge einfügen sollen.

Dem Zentripetalen, der Schwerkraft, entspräche auf der seelischen Ebene unser Impuls nach Dauer und Beständigkeit; und schließlich dem Zentrifugalen, der Fliehkraft, entspräche der Impuls, der uns immer wieder vorwärts, zur Veränderung und Wandlung treibt. Damit haben wir auch die andere Antinomie umschrieben: Sie

enthält die wiederum gegensätzlichen Forderungen, daß wir nach Dauer und andererseits nach Wandlung streben sollen.
Nach dieser kosmischen Analogie sind wir vier grundlegenden Forderungen ausgesetzt, die wir als einander widersprechende und doch zugleich sich ergänzende Strebungen in uns wiederfinden. In wechselnder Gestalt durchziehen sie unser ganzes Leben und wollen in immer neuer Weise von uns beantwortet werden.

Die *erste Forderung,* in unserem Gleichnis der Rotation entsprechend, ist, daß wir ein *einmaliges Individuum* werden sollen, unser Eigensein bejahend und gegen andere abgrenzend, daß wir unverwechselbare Persönlichkeiten werden sollen, kein austauschbarer Massenmensch. Damit ist aber alle Angst gegeben, die uns droht, wenn wir uns von anderen unterscheiden und dadurch aus der Geborgenheit des Dazugehörens und der Gemeinsamkeit herausfallen, was Einsamkeit und Isolierung bedeuten würde. Bei aller Breite, in der wir durch Rasse, Familien- und Volkszugehörigkeit, durch Alter, Geschlecht, durch unseren Glauben oder unseren Beruf und so fort bestimmten Gruppen angehören, denen wir uns verwandt und vertraut fühlen, sind wir doch zugleich Individuen und damit etwas Einmaliges, von allen anderen Menschen deutlich Unterschiedenes. Das kommt schon in der bemerkenswerten Tatsache zum Ausdruck, daß allein unser Daumenabdruck genügt, um uns von jedem anderen Menschen unverwechselbar zu unterscheiden und eindeutig zu identifizieren. So gleicht unsere Existenz einer Pyramide, deren breite Basis sich aus Typischem und Gemeinsamkeiten aufbaut, die aber zur

Spitze hin sich immer mehr aus den verbindenden Gemeinsamkeiten herauslöst und im einmalig Individuellen endet. Mit dem Annehmen und Entwickeln unserer Einmaligkeit, mit dem Individuationsprozeß, wie *C. G. Jung* diesen Entwicklungsvorgang genannt hat, fallen wir aus der Geborgenheit des Dazugehörens, des ‹Auch-wie-die-anderen-Seins› heraus und erleben die Einsamkeit des Individuums mit Angst. Denn je mehr wir uns von anderen unterscheiden, um so einsamer werden wir und sind damit der Unsicherheit, dem Nichtverstanden-, dem Abgelehnt- u. U. dem Bekämpftwerden ausgesetzt. Riskieren wir aber andererseits nicht, uns zu eigenständigen Individuen zu entwickeln, bleiben wir zu sehr im Kollektiven, im Typischen stecken und bleiben unserer menschlichen Würde etwas Entscheidendes schuldig.

Die *zweite Forderung,* in unserem Gleichnis der Revolution entsprechend, ist die, *daß wir uns der Welt, dem Leben und den Mitmenschen vertrauend öffnen,* uns einlassen sollen mit dem Nicht-Ich, dem Fremden, in Austausch treten sollen mit dem Außer-uns-Seienden. Es ist damit gemeint die Seite der Hingabe – im weitesten Sinne – an das Leben. Damit ist aber verbunden alle Angst, unser Ich zu verlieren, abhängig zu werden, uns auszuliefern, unser Eigensein nicht angemessen leben zu können, es anderen opfern und in der geforderten Anpassung zu viel von uns selbst aufgeben zu müssen. Es geht hier also vor allem um die Seite unserer Abhängigkeiten, um unser ‹Geworfensein›, und darum, daß wir trotz dieser Abhängigkeiten und Gefährdungen unseres Ichs, die uns unsere Ohnmacht fühlen lassen, uns dem Leben zuwenden, uns aufschließen sollen. Riskieren wir das nicht,

bleiben wir isolierte Einzelwesen ohne Bindung, ohne Zugehörigkeit zu etwas über uns Hinausreichendem, letztlich ohne Geborgenheit und werden so weder uns selbst noch die Welt kennenlernen.
Wir sind mit dieser ersten Antinomie auf die eine paradoxe Zumutung gestoßen, die das Leben uns auferlegt: Wir sollen sowohl die Selbstbewahrung und Selbstverwirklichung leben als auch die Selbsthingabe und Selbstvergessenheit, sollen zugleich die Angst vor der Ich-Aufgabe wie die Angst vor der Ich-Werdung überwinden.
Und nun zu den beiden anderen Forderungen, die wiederum im polaren Verhältnis des Widerspruches und der Ergänzung stehen wie die eben beschriebenen:

Die *dritte Forderung,* in unserem Gleichnis dem Zentripetalen, der Schwerkraft, entsprechend, ist, *daß wir die Dauer anstreben sollen.* Wir sollen uns auf dieser Welt gleichsam häuslich niederlassen und einrichten, in die Zukunft planen, zielstrebig sein, als ob wir unbegrenzt leben würden, als ob die Welt stabil wäre und die Zukunft voraussehbar, als ob wir mit Bleibendem rechnen könnten – mit dem gleichzeitigen Wissen, daß wir ‹media in vita morte sumus›, daß unser Leben jeden Augenblick zu Ende sein kann. Mit dieser Forderung, zu dauern, uns in eine ungewisse Zukunft zu entwerfen, ja, überhaupt Zukunft zu haben, als ob wir damit etwas Festes und Sicheres vor uns hätten – mit dieser Forderung sind alle Ängste gegeben, die mit dem Wissen um die Vergänglichkeit, um unsere Abhängigkeiten und um die irrationale Unberechenbarkeit unseres Daseins zusammenhängen: die Angst vor dem Wagnis des Neuen, vor dem Planen ins Ungewisse, davor, sich dem ewigen

Fließen des Lebens zu überlassen, das nie stillsteht und auch uns selbst wandelnd ergreift. Das liegt wohl in dem Ausspruch, daß niemand zweimal in den gleichen Fluß steigen könne – der Fluß und auch man selbst ist stets ein anderer. Würden wir aber andererseits auf die Dauer verzichten, könnten wir nichts schaffen und verwirklichen; alles Geschaffene muß in unserer Vorstellung etwas von dieser Dauer haben – sonst würden wir gar nicht anfangen, unsere Ziele zu verwirklichen. So leben wir immer, als ob wir glaubten, unbegrenzt Zeit zu haben, als ob das endlich Erreichte stabil wäre, und diese uns vorschwebende Stabilität und Dauer, diese illusionäre Ewigkeit, ist ein wesentlicher Impuls, der uns zum Handeln treibt.

Und schließlich die *vierte Forderung,* im Gleichnis dem Zentrifugalen, der Fliehkraft, entsprechend. Sie besteht darin, *daß wir immer bereit sein sollen, uns zu wandeln,* Veränderungen und Entwicklungen zu bejahen, Vertrautes aufzugeben, Traditionen und Gewohntes hinter uns zu lassen, uns immer wieder vom gerade Erreichten zu lösen und Abschied zu nehmen, alles nur als Durchgang zu erleben. Mit dieser Forderung, uns immer lebendig weiterzuentwickeln, uns nicht aufzuhalten, nicht zu haften, dem Neuen geöffnet und das Unbekannte wagend, ist nun die Angst verbunden, durch Ordnungen, Notwendigkeiten, Regeln und Gesetze, durch den Sog der Vergangenheit und Gewohnheit festgelegt, festgehalten zu werden, eingeengt, begrenzt zu werden in unseren Möglichkeiten und unserem Freiheitsdrang. Es droht also hier letztlich, im Gegensatz zur vorbeschriebenen Angst, wo der Tod als Vergänglichkeit erschien, der Tod als Erstarrung und Endgültigkeit. Würden wir aber den

Impuls zur Wandlung, zum Wagnis des Neuen, aufgeben, so blieben wir im Gewohnten haften, einförmig schon Daseiendes wiederholend und festhaltend, und die Zeit und die Mitwelt würde uns überholen und vergessen.
Damit haben wir die andere Antinomie skizziert, die weitere Zumutung des Lebens an uns: daß wir zugleich nach Dauer und nach Wandlung streben sollen, daß wir dabei sowohl die Angst vor der nicht aufzuhaltenden Vergänglichkeit wie die Angst vor der unausweichlichen Notwendigkeit überwinden müssen.
So haben wir vier Grundformen der Angst kennengelernt, die ich noch einmal zusammenstellen will:

1. die Angst vor der Selbsthingabe, als Ich-Verlust und Abhängigkeit erlebt;
2. die Angst vor der Selbstwerdung, als Ungeborgenheit und Isolierung erlebt;
3. die Angst vor der Wandlung, als Vergänglichkeit und Unsicherheit erlebt;
4. die Angst vor der Notwendigkeit, als Endgültigkeit und Unfreiheit erlebt.

Alle möglichen Ängste sind letztlich immer Varianten dieser vier Grundängste und hängen mit den vier Grundimpulsen zusammen, die ebenfalls zu unserem Dasein gehören und sich auch paarweise ergänzen und widersprechen: als Streben nach Selbstbewahrung und Absonderung, mit dem Gegenstreben nach Selbsthingabe und Zugehörigkeit; und andererseits als Streben nach Dauer und Sicherheit, mit dem Gegenstreben nach Wandlung und Risiko. Zu jeder Strebung gehört die Angst vor der Gegenstrebung. Und doch, wenn wir noch einmal auf unser kosmisches Gleichnis zurückgreifen, scheint eine lebendige Ordnung nur möglich zu sein, wenn wir eine Gleichgewichtigkeit zwischen diesen antinomischen Impulsen zu leben versuchen. Eine solche Gleichgewichtigkeit bedeutet indessen nicht etwas Statisches, wie man meinen könnte, sondern sie ist voll ungemeiner innerer Dynamik, weil sie nie etwas Erreichtes, sondern etwas immer wieder Herzustellendes ist.

Dabei müssen wir beachten, daß die Art der jeweils erlebten Angst und ihr Intensitätsgrad in großem Maße abhängig sind sowohl von unserer mitgebrachten Anlage, von unserem ‹Erbe›, als auch von den Umweltbedingungen, in die wir hineingeboren werden; sowohl von unserer körperlichen und seelisch-geistigen Konstitution also wie auch von unserer persönlichen Biographie, der Geschichte unseres Gewordenseins. Denn auch unsere Ängste haben eine Geschichte, und wir werden sehen, von wie großer Bedeutung dafür unsere Kindheit ist. So ist Angst bei jedem Menschen durch Anlage und Umwelteinflüsse mitgetönt, was zum Teil auch erklärt, warum uns manche Ängste anderer schwer einfühlbar sind – sie entstanden bei ihnen aus Lebensbedingungen, die von den unseren zu sehr abwichen.

[...]

Wir werden sehen, wie das Überwertigwerden einer der vier Grundängste – oder, von der anderen Sicht her gesehen, das weitgehende Aufgeben eines der vier Grundimpulse – uns zu vier Persönlichkeitsstrukturen führt, zu vier Arten des In-der-Welt-Seins, die wir in Abstufungen alle kennen und an denen wir alle mehr oder weniger akzentuiert Anteil haben. Diese Persönlichkeitsstrukturen sind also zu verstehen als einseitige Akzentuierung in be-

zug auf die vier Grundängste. Je ausgeprägter und einseitiger die zu beschreibenden Persönlichkeitsstrukturen sind, desto wahrscheinlicher ist es, daß sie auf Grund frühkindlicher Entwicklungsstörungen entstanden sind. Dementsprechend wäre es als ein Zeichen von seelischer Gesundheit anzusehen, wenn jemand die vier Grundimpulse in lebendiger Ausgewogenheit zu leben vermöchte – was zugleich bedeutete, daß er sich auch mit den vier Grundformen der Angst auseinandergesetzt hat.
Die vier Persönlichkeitsstrukturen sind zunächst Normalstrukturen mit gewissen Akzentuierungen. Wird indessen die Akzentuierung zu ausgesprochener Einseitigkeit, erreicht sie Grenzwerte, die als Zerrformen oder Extremvarianten der vier normalen Grundstrukturen zu verstehen sind. Wir stoßen damit auf die neurotischen Varianten der Strukturtypen, wie sie die Psychotherapie und Tiefenpsychologie in den vier großen Neuroseformen der Schizoidie, der Depression, der Zwangsneurose und der Hysterie beschrieben hat. Diese neurotischen Persönlichkeiten spiegeln also jeweils nur in zugespitzter oder extremer Form allgemeinmenschliche Daseinsformen, die wir alle kennen.
[...]
Wir gehen also hier von vier allgemeingültigen Grundeinstellungen und Verhaltensmöglichkeiten aus gegenüber den Bedingungen und Abhängigkeiten unseres Daseins, wobei uns das kosmische Vorbild der lebendigen Ordnung und Ausgewogenheit scheinbar unvereinbarer Gegensätze vorschwebt.»[12]

Riemann findet in den physikalischen Grundbedingungen von Sonne und Erde das Prinzip der Antinomie als

Gegebenheit vor und entdeckt ebendieses Prinzip als Grundgesetz des menschlichen Lebens. Wenn wir zwei Paare von Antinomien, d. h. Strebungen, die in entgegengesetzte Richtungen gehen, aber aufeinander bezogen sind, bildlich darstellen wollen, so erhalten wir ein Kreuz. Diese Entsprechung läßt sich im einzelnen weiter verfolgen.

Greifen wir das Bild von der Pyramide wieder auf, dann ist das Streben nach Individualität in dem von der Mitte nach oben gerichteten Strahl des Kreuzes zu sehen und das Verlangen nach Geborgenheit in der Gemeinschaft unserer Mitmenschen in dem nach unten gerichteten. Die Forderung, Dauer anzustreben, kann dem von der Mitte nach links weisenden zugeordnet werden, der die Beziehung zur Vergangenheit, zur Tradition, aufrechterhält. Der nach rechts gerichtete Strahl stellt dann das Fortschreiten zu Neuem dar. Beide Antinomien, nämlich, der Tradition verbunden, nach Neuem zu streben und, in die Gemeinschaft eingegliedert, seine Individualität zu leben, sind nicht losgelöst von einander denkbar, stellen sie doch den in der Zeit sich entwickelnden Menschen dar. Die Vertikale und die Horizontale kreuzen sich also. Daß diese Entwicklung in der rechten Weise geschehen soll, dafür steht der zu Recht als recht bezeichnete rechte Winkel zwischen den vier Strahlen.

Und wie ist die dritte Dimension zu deuten, welche die nach vorn und hinten gerichteten Strahlen des Raumkreuzes darstellen? – Riemann setzt seine zwei Antinomien mit «unserer Befindlichkeit in der Welt» in Beziehung, gegenläufigen Forderungen, deren Nichterfüllung uns krank macht. Soweit steht das Kreuzsymbol für Bewährung (= Wahrmachung) in der Welt. Für eine Wahrheit soll Zeugnis abgelegt werden, die an den Bedingungen der Welt ablesbar ist. Ist sie nur da zu finden? – Ich denke an das Höhlengleichnis Platos, in dem er den Menschen beschreibt, der im Innern einer Höhle sitzt, an deren Wand er die Schattenbilder der eigentlichen Welt sieht, die hinter ihm liegt.

Damit ist doch die Dimension gegeben, in der wir uns umdenkend (vgl. das biblische *μετανοεῖτε*, Mt 3,2) nach rückwärts wenden in eine geistige Welt; aus der heraus wir nach vorne in die materielle hineingehen, um uns im Außen zu bewähren, wobei wir bewahren, was wir innen erfahren haben.

Der Mensch früherer Zeiten stellte das Heilssymbol, das über seinem Leben walten sollte, in den ihn umgebenden Raum, offensichtlich weil er die geistige und die materielle Welt als Ganzheit erlebte, deren verschiedene Aspekte aufeinander bezogen sind. Auch der religiöse Mensch unserer Tage stellt in Kirchen und Tempel, in sein Haus, seine Wohnung Heilszeichen in materieller Form. Aber das Gespür dafür, daß sie eine Wirkung haben, ist weitgehend verlorengegangen. Ich persönlich messe dem Umstand, daß ein Meditierender in seiner Wohnung ein Kreuz an die Wand hängt oder als Standkreuz aufstellt, so große Bedeutung zu, daß ich meine Empfehlung, die innere Negativität in Angriff zu nehmen, davon abhängig machen möchte. Mit anderen Worten: Wer in seiner Wohnung kein Kreuz hat, dem rate ich dringend davon ab, aktiv innere Negativität aufzudecken. Ich kann dies nicht weiter begründen, denn ein eindeutiger Beweis für seine positive Wirkung läßt sich nicht erbringen. Wie oben bereits gesagt, schließt dies meiner Meinung nach keinesfalls ein ausdrückliches Bekenntnis zum Christentum ein. Der Christ mag Wert auf das Corpus legen, der Nicht-Christ kann im Kreuz ohne Corpus ein naturgegebenes Ganzheitssymbol sehen. Ein solches läßt sich mit etwas Geschick leicht anfertigen, indem man in zwei Hartholzleisten je eine Kerbe schneidet und die zwei Teile, am besten mit einem nicht-giftigen Naturleim, unter längerem Druck zusammenfügt.

Form und Stellung des Kreuzes dürfen aber der Grundidee des Symbols, das die Verbindung der Vertikalen mit der Horizontalen darstellt, nicht widersprechen! Beide müssen als solche erhalten bleiben! Wenn dies berücksichtigt wird, kann jede Variante, z. B. ein Doppelkreuz, als dem Symbol konform betrachtet werden.

Leider ist dies bei handelsüblichen Kreuzen häufig nicht der Fall. Da findet sich das dem Kreuzigungsbild des Isenheimer Altars von Grünewald entlehnte, nach unten gebogene Querholz. In diesem Gemälde paßt es ausgezeichnet zu der düsteren, depressiven Gesamtstimmung, weil es sie noch verstärkt. Wer aber möchte ein depressives Kreuz im Haus? In manchen Gegenden ist es üblich, im sogenannten Herrgottswinkel das Kreuz nach vorne geneigt in die Ecke zu hängen. Diese schiefe Ebene empfinde ich als eklatanten Widerspruch zur Symbolbedeutung. Man beherzige doch die deutsche Redensart, derzufolge «der Haussegen nicht schief hängen» soll!

Ich respektiere durchaus, wenn ein für Meditation aufgeschlossener Mensch unserer Zeit mir in dieser Hinsicht aus Gründen intellektueller Redlichkeit nicht folgen will. Ich kann ohne weiteres nachvollziehen, daß sich in ihm alles dagegen sträubt, eine Handlung auszuführen, die ihm letztlich als abergläubisch erscheinen muß. Aber ich mache ihm einen Vorschlag: Selbst die exakte Naturwissenschaft verwendet gelegentlich aus praktischen Erwägungen eine unbewiesene Hypothese. Er möge das Aufstellen eines Kreuzes als Arbeitshypothese betrachten. Vielleicht wird seine Sensibilität im Laufe seines Lebens so groß, daß er zu einem selbständigen Urteil gelangen kann.

Zu diesem Zweck kann er allerdings schon frühzeitig ein Experiment machen. Nach einiger Zeit der Übung (nach ca. drei Monaten) erreicht der Meditierende durch die ihm jeweils mögliche Konzentrationskraft einen bestimmten Grad der Meditationstiefe, die, von Tagesschwankungen abgesehen, in etwa gleich bleibt. Nun mein Vorschlag: Er bringe ein Kreuz in sein Haus und belasse es dort für einige Zeit (ca. drei Wochen). Wenn sich eine deutliche Veränderung in seiner Meditation zeigt, dann kann auf das Vorhandensein des Kreuzes als Ursache geschlossen werden.

Ich wünsche denen, welche nach den Leitlinien dieses Buches meditieren, den Segen aller guten Kräfte in der Welt!

Die Imaginationen

Solange die Erde besteht,
sollen nicht aufhören
Aussaat und Ernte,
Kälte und Hitze,
Sommer und Winter,
Tag und Nacht.

Genesis 8,22

1. In den blauen Grotten

Wir sitzen in einem Ruderboot und gleiten über das Wasser.
Wir fahren in eine Grotte hinein.
Dämmerlicht umgibt uns.
Stille umfängt uns.
Wir hören nur das Platschen der Ruder, wenn sie ins Wasser tauchen.
Das Platschen der Ruder findet von oben her Widerhall.
Über uns muß ein hohes Gewölbe sein.
Wie sich unsere Augen an die Dämmerung gewöhnen, sehen wir, daß das Wasser tiefblau ist.
Das Wasser ist seicht; so können wir darunter den Felsgrund sehen.
Ein feines blaues Leuchten hüllt uns ein.
Wir blicken nach oben: Blau leuchtendes Felsgewölbe spannt sich über uns.
Wir fahren weiter, in einen Felsstollen hinein.
Es ist gerade Platz genug, um rudern zu können.
Wir sehen schon das Ende des Ganges. Dort leuchtet das Blau noch intensiver.
Jetzt weichen die engen Wände zurück.
Wir fahren in eine weite und hohe Grotte ein.
Die ganze Grotte atmet Stille.
Das Wasser ruht bewegungslos.
Das Wasser ist wie kompaktes blaues Licht.
Über uns ist Bewegung: Das blaue Licht, welches im Felsgrund der Kuppel wie verhüllt ist, an den Felsrippen, die

im Raum hervortreten, da leuchtet es lebendig.
Während wir durch die Grotte gleiten, blitzen einzelne Stellen im Gewölbe hell auf.
Das Gestein funkelt wie geschliffener Saphir.
Wir verlassen diese Grotte durch einen weiteren Stollen, der so breit ist, daß wir ungehindert vorankommen.
An seinem Ende sickert von rechts her Licht herein.
Wir fahren näher heran.
Das Licht kommt von unten, aus dem Wasser.
Wir erreichen die Öffnung und wenden nach rechts.
Uns öffnet sich strahlende Weite.
Sonnenlicht dringt von unten durch das Wasser.
Das strahlende blaue Licht aus dem Wasser beleuchtet den mächtigen Felsendom über uns.
Wir fahren bis zur Mitte und betrachten das tiefe Leuchten, das helle Funkeln und das lebendige Blitzen in der hohen Halle.
Wir kreuzen die Arme über der Brust, so daß die Fingerspitzen die Achseln berühren.

Freude – Ich bin

2. Der Stern im Brunnen

Wir befinden uns in der Steppe.
Wir gehen über harten, steinigen Boden.
Hier und da steht ein vereinzeltes Grasbüschel, vergilbt und trocken.
Kein Baum, kein Strauch ist zu sehen; nur endlose Weite bis zum Horizont.
Wir gehen langsam vorwärts.
Uns folgt unsere Schafherde, deren Hirte wir sind.
Die Tiere sind ermattet vom weiten Weg. Sie haben Durst.
Manche wollen zurückbleiben. Aber unser Hund umkreist die Herde und treibt die Nachzügler voran.
Auch der Hund ist schon müde. Die Zunge hängt ihm weit aus dem Maul.
Die Dämmerung ist schon eingebrochen.
Wir gehen weiter, immer weiter, immer geradeaus.
Wir hören nur das Blöken der Schafe.
Sonst ist alles still.
Jetzt bedecken immer mehr Grasbüschel den Boden. Sie sehen nicht mehr so trocken aus.
Die Schafe hören auf zu blöken und gehen schneller.
Gespannte Erwartung erfüllt die Tiere und auch uns.
Vor uns, in der Ferne, steht etwas, das wir nicht genau erkennen können.
Wir kommen näher heran.
Es sieht aus wie ein Ziehbrunnen.
Ist es wirklich einer?

Wenn ja, wird auch Wasser drin sein?
Wir kommen an. Da steht tatsächlich ein Brunnen.
Wir beugen uns über die runde Mauerbrüstung.
Es ist Wasser darin, bis zur Höhe des umgebenden Landes.
Die Oberfläche des Wassers ist glatt und hell.
Im Wasser spiegelt sich ein Stern.
Sein stilles Leuchten macht das Wasser sichtbar in seiner ganzen Tiefe.
Wir tauchen am Seil den Eimer hinein.
In dem Augenblick, wo er die Oberfläche des Wassers berührt, gerät es in Bewegung, wird lebendig.
Das Wasser wird von Sternenlicht durchflutet.
Wir ziehen unseren Eimer wieder herauf.
Wir trinken selbst und geben unseren Tieren zu trinken.

Leben – Ich bin

Besonderer 2. Teil, Seite 227

3. In der Nacht durch die Wüste

Wir haben uns mit unseren Freunden und Verwandten zusammengefunden, um in ein anderes, ein neues Land zu ziehen.
Wir wollen das alte Land hinter uns lassen, in dem die Bäume nicht mehr wachsen, in dem das Leben zu Ende geht.
Vor uns aber liegt die Wüste, die kein Mensch am hellichten Tag durchqueren kann; zu groß ist dort die Glut-hitze.
In der Nacht muß der Übergang vollzogen werden.
Wir trinken noch aus dem Brunnen, füllen die Wasserschläuche und laden sie den Eseln auf den Rücken.
Es beginnt zu dämmern.
Wir brechen auf, gefolgt von unseren Freunden und Verwandten.
Der Weg ist hart, übersät von großen Steinbrocken.
Wir kommen nur langsam voran.
Die Sonne ist hinter uns untergegangen; wenn wir die Wüste durchquert haben, wird sie vor uns wieder aufgehen.
Der Boden wird sandig. Wir stoßen mit den Füßen nicht mehr an harte Steine, aber wir rutschen bei jedem Schritt ein Stück zurück.
Wir müssen steigen – eine Sanddüne hinauf.
Wir langen mit Mühe oben an und sehen weit vor uns die graue Schattenlinie der nächsten Düne.
Langsam steigen wir in die Senke hinunter.

Ein Stern geht vor uns auf am Himmel. Wir gehen auf ihn zu – die nächste Düne hinauf.
Der Himmel über uns wird hell durch die Sterne, die nacheinander aufgehen.
Wir schreiten voran, immer wieder ins Tal hinunter, immer wieder den Hang hinauf.
Wir trinken im Gehen, denn an Rast ist nicht zu denken.
Bevor die Sonne aufgeht, müssen wir am Ziel sein.
Kein Laut ist zu hören, keiner spricht.
Alles ist vergessen, was hinter uns liegt. Wir sind versunken in der Gegenwart des Schreitens.
Wir haben eine Höhe erklommen, auf die kein Tal mehr folgt.
Leichten Fußes gehen wir weiter.
Der Boden ist weich. Unsere Füße streifen durch Gras.
Die Wüste liegt hinter uns.
Vor uns beginnt der Morgen zu dämmern.
Hohe Bäume säumen den Weg.
Die Vögel fangen an zu singen.
Die Sonne geht auf.

Freude – Ich bin

4. Der Gang zu den drei Bergen

Wir gehen einen Feldweg entlang.
Die Landschaft liegt im Grau der Morgendämmerung.
Das Land rechts vom Weg scheint eine Viehweide zu sein; hölzerne Zaunpfosten stehen am Wegesrand und markieren die Grenze.
Das Land links von uns ist unwegsam; da sind Gruben und Kieshügel,
dazwischen die vagen Umrisse von Bäumen und Sträuchern.
Unser Weg führt uns immer geradeaus.
Wir gehen weiter, immer weiter.
Die Landschaft ist immer noch kahl und grau.
Vor uns zeichnet sich ein Hügel ab.
Dort kann der Weg nicht mehr geradeaus weiterführen.
Wir gehen auf den Hügel zu.
Unser Weg biegt an der Flanke des Hügels nach links ab.
Hohes, dichtes Gebüsch säumt den linken Wegrand.
Rechts steigt der Hügel steil an.
Unser Weg wird eng.
Wir gehen weiter, immer weiter.
Jetzt beginnt das Gelände, sich zu senken.
Wir steigen nach unten.
Wir folgen der Biegung des Weges nach links.
Vor uns öffnet sich weit eine Schotterebene, ein ausgetrocknetes Flußbett.
Davor steht ein Schild mit der Aufschrift «Vorsicht! – Gefahr beim Weitergehen!»

Wir bleiben stehen.
Hinter der Schotterebene erhebt sich ein Berg.
Er steigt ohne Übergang steil aus der Ebene auf.
An seinem Fuß ist der Berg sehr breit.
Der obere Teil ist von Wolken verdeckt.
Wenn man den Berg ganz sehen kann, muß er gewaltige Ausmaße haben.
Jetzt wird die Landschaft heller.
Ein Vogel beginnt in unserer Nähe zu singen. Ein zweiter Vogel, etwas weiter weg, stimmt in den Gesang ein.
Das Gewölk um den Berggipfel lichtet sich auf,
die Ränder beginnen zu leuchten; hinter uns muß die Sonne aufgegangen sein.
Überall in den Büschen und Bäumen singen jetzt die Vögel.
Wind kommt auf.
Einzelne Zweige wiegen sich im Wind.
Der Wind wird stärker.
In den Büschen und Bäumen rauscht der Wind.
Wir blicken wieder auf den Berg.
Der Wind treibt die Wolken hinauf.
Der Berg wird größer.
Er wächst nach oben.
Wir erkennen die Umrisse des oberen Teils: Der Berg hat drei Gipfel.
Jetzt liegt der Berg frei vor unserem Blick.
Die drei Gipfel sind gleich groß.
Sie sehen aus wie drei Dreiecke, deren Spitze nach oben gerichtet ist.
Das Gestein der Gipfel ist weiß.
Die Morgensonne breitet einen hellroten Schimmer darüber.

Die Gipfel leuchten immer stärker.
Nebel steigt in der Ebene vor uns auf.
Der Nebel hüllt den Fuß des Berges ein.
Der Nebel steigt die Flanken hinauf.
Der Nebel hüllt den ganzen Berg ein, aber die Gipfel bleiben frei.
Über dem Nebel stehen die Gipfel wie drei leuchtende Berge.

Ganzheit – Ich bin

Bevor wir die Meditation beenden, kehren wir um und gehen zurück.
Die Sonne steigt vor uns empor.
Wir gehen der aufgehenden Sonne entgegen.

5. Die Kirche in der Mitte des Ortes

(nach einem Gemälde von Caspar David Friedrich)

Wir stehen auf einem Hügel und blicken auf eine weite Ebene.
Im Vordergrund ist Weideland,
dahinter liegt eine Siedlung.
Das Land ist flach bis zum Horizont.
Dort beginnt wohl das Meer.
Wir können es nicht sehen, aber wir schmecken die salzige Luft auf der Zunge.
Wir spüren im Gesicht den Wind, der vom Meer kommt.
Der Himmel ist eine große Glocke.
Der ganze Himmel leuchtet, Sonne im Dunst.
Das Weideland vor uns ist Marsch.
Grasflächen mit Vieh;
sumpfige Stellen, bedeckt von den weißen Tupfern der Möwen,
in der Mitte ein Tümpel.
Links vor der Ortschaft stehen zwei Windmühlen hintereinander, mit ihrem schweren, plumpen Körper und den vier großen Mühlenarmen.
Der Ort in der Mitte des Blickfeldes ist wie ein flacher Hügel aus großen Bäumen
über Bauernhäusern mit weit herabreichenden Dächern aus Schilf.
Darüber erheben sich Türme und Türmchen wie in einer mittelalterlichen Stadt.
In der Mitte steht der größte Turm, ein Kirchturm über dem Kirchenschiff.

Von dorther kommt Musik, undeutlich.
Wir lauschen.
Ist es die Orgel?
Sind es Trompeten?
Sind es Saiteninstrumente?
Die feinen Schwingungen scheinen vom ganzen Kirchengebäude zu kommen.
Sie fließen hinein in das stille, weite Land.
Wollen wir dorthin gehen, um die Musik ganz aus der Nähe zu hören?

Wir setzen das Geschehen selbständig fort. Wenn aggressive Gegenkräfte auftreten, wehren wir uns mit den Worten «Ich bin», die wir beim Ausatmen dem potentiellen Angreifer entgegensenden.

Die Endsituation können wir in der üblichen Weise mit einer Ich-bin-Formel zusammenfassen, die uns geeignet erscheint.

6. Frühjahrsputz

Wir bewohnen ein einfaches Haus, das nur aus einem Raum besteht. Der Kamin liegt an der Rückseite, dem Eingang direkt gegenüber. Im Winter hat sich allerhand Staub und Schmutz angesammelt. Also machen wir heute Frühjahrsputz.
Im Kamin und in den Ecken des Raumes haben sich Spinnweben eingenistet. Wir nehmen einen Federwisch, entfernen die Spinnweben in den Ecken des Kamins, wenden uns dann nach rechts, gehen zur ersten Ecke der Wohnung und entfernen dort die Spinnweben.
Wir gehen im Uhrzeigersinn zur nächsten Ecke und tun dort das gleiche.
Genauso verfahren wir bei der dritten und vierten Zimmerecke.
Jetzt zünden wir im Kamin ein Feuer an.
Anschließend streifen wir die Spinnweben mit einem Handbesen vom Federwisch.
Nun werfen wir das Bündel von Spinnweben ins Feuer, wo es verbrennt.
Jetzt nehmen wir ein sauberes Tuch und wischen Staub.
Wir achten darauf, daß wir den Staub in das Tuch hineinwischen.
Zuerst säubern wir den Tisch in der Mitte des Raumes: Wir beginnen am Rand und beschreiben mit rechtsdrehenden Bewegungen ebenfalls rechtsdrehende Kreise bis zur Mitte.
Dann wischen wir den Staub von den Lehnen der Stühle,

die um den Tisch stehen.
Danach gehen wir zur Feuerstelle und schütteln das Tuch aus, so daß der Staub ins brennende Feuer fällt.
Darauf verfahren wir ebenso mit der Kommode, die an der Wand steht.
Wieder gehen wir zum Kamin und schütteln das Tuch aus, so daß der Staub ins brennende Feuer fällt.
Jetzt holen wir uns einen Eimer voll Wasser und ein sauberes, grobes Tuch.
Wir lassen uns beim Kamin auf die Knie nieder und beginnen dort, den Boden naß zu wischen, und zwar mit den gleichen Bewegungen wie bei Tisch und Kommode, zuerst die Wände entlang, dann arbeiten wir uns in konzentrischen Kreisen bis zur Mitte vor.
Anschließend tauchen wir den Lappen so lange ins Wasser, bis er sauber ist.
Danach wringen wir ihn aus.
Nun tragen wir den Schmutzeimer zur Türe hinaus und begießen damit das Blumenbeet, aus dem schon die ersten Spitzen der Blumenkeime hervorlugen.

Reinheit – Ich bin

Besonderer 2. Teil, Seite 227

7. Die Sonne scheint zum Fenster herein

Wir wohnen in einem Haus, das uns gehört.
Wir befinden uns in einem Zimmer unseres Hauses zu ebener Erde.
Wir sitzen auf einem Stuhl vor dem Fenster und schauen hinaus.
Im Vorgarten blühen schon die Schneeglöckchen.
Auf der Straße spielen die Kinder.
Auf der Wiese dahinter weidet eine Schafherde.
Über den Bäumen am Waldrand machen die Vögel Flugkunststücke.
Wolken liegen über dem Horizont wie Segelboote im Hafen.
Hinter den Wolken steht die Sonne.
Wir blicken zwischen den Wolken hindurch und erahnen die lichterfüllten Höhen.
An ihrem Rand lassen die Wolken das Licht der Sonne durchsickern.
Wind kommt auf.
Die Wipfel der Bäume am Waldrand neigen sich leicht.
Die Kinder laufen von der Straße auf die Wiese und lassen an einer langen Schnur einen bunten Drachen steigen.
Die Wolken am Horizont ziehen weiter weg. Dabei lichten sie sich auf, werden ganz von Licht durchflutet.
Die Sonne tritt hinter den Wolken hervor.
Im Sonnenschein sehen wir, wie grün Wald und Wiese schon sind.

Im Sonnenschein schimmert das Fell der Schafe ganz weiß.
Die Schneeglöckchen im Vorgarten wiegen sich, von der Sonne beschienen, im Wind.
Durch das Fenster tritt das Sonnenlicht von oben her in breiten Schäften ins Zimmer herein und scheint hell auf den Fußboden.
Feine Staubkörnchen tanzen in den Lichtschäften.
Das goldene Kästchen, das auf dem Fensterbrett steht, strahlt im Licht der Sonne.
Auf dem Fensterbrett steht auch eine Vase mit roten Tulpen.
Ob sich wohl die Blüten, die sich erst ein bißchen geöffnet haben, ganz der Sonne öffnen?
Wir sitzen mitten im vollen Sonnenlicht.
Der Sonnenschein liegt warm auf unserem ganzen Körper.
Auch die Magengrube wird warm.
Wir legen die Hände mit den Handflächen nach oben wie offene Schalen auf die Oberschenkel.

Sonne – Ich bin

oder

Licht – Ich bin

8. Im Hallenbad

Wir sind ins Hallenbad gegangen, kommen von der Dusche und betreten das Schwimmbad.
Glücklicherweise sind nur wenige Leute da, so daß es verhältnismäßig ruhig zugeht.
Es tut gut, die warme Luft auf der Haut zu spüren.
Wir gehen ins Wasserbecken.
Die erfrischende Kraft des Wassers steigt langsam höher, umfängt Füße und Beine, dann die Hüften
und schließlich Bauch, Brust und Rücken.
Wir schwimmen eine Weile und machen dann halt am Beckenrand.
Dort kommt ein Strahl warmen Wassers aus der Wand und trifft genau auf unser Sonnengeflecht, das über unserer Magengrube liegt.
Wir überlassen uns ganz der Wärme, die unser Sonnengeflecht massiert und von dorther in unseren Körper eindringt.
Wir schwimmen wieder eine Zeitlang
und ruhen uns dann an einer anderen Stelle des Beckens aus.
Dort kommt ein Strahl warmen Wassers aus dem Boden.
Wir halten die Füße über den Wasserstrahl und lassen uns jetzt die Fußsohlen massieren.
Die Wärme steigt langsam höher bis zu den Knien.
Dann schwimmen wir wieder.
Danach suchen wir eine Stelle auf, wo ein Wasserstrahl vom oberen Beckenrand nach unten geht.

Wir stellen uns so, daß der Wasserstrahl auf unseren Scheitel, nämlich das obere Ende des Hinterkopfes, trifft und dann das Rückgrat hinabfließt bis zum Steißbein.
Wieder lassen wir uns von dem Strahl warmen Wassers massieren und überlassen uns ganz seiner belebenden Kraft.
Wir stellen uns vor, wie die Wärme mehr und mehr unseren ganzen Körper durchflutet.
Dann verlassen wir das Becken und suchen uns einen Liegeplatz, eine Bank oder einen Liegestuhl, hüllen uns in unser Badetuch
und ruhen.

Ruhe – Ich bin

9. Früher Morgen im Garten

Wir liegen im Bett.
Wir sind gerade aufgewacht.
Es muß noch früh am Morgen sein, denn durch die geschlossenen Vorhänge dringt nur spärliches Licht herein.
Jetzt wissen wir, was uns geweckt hat: Es ist der Gesang der Vögel draußen im Garten.
Wir stehen auf und ziehen uns an.
Wir gehen hinaus in den Gang zur Haustür.
Durch das Glas der Haustür schimmert schon Helligkeit.
Wir öffnen die Tür und gehen hinaus.
Die Blumen im Vorgarten sind von Tau bedeckt.
Den Gesang der Vögel hören wir jetzt deutlicher.
Sonst ist noch alles still.
Hinter der Wiese und dem Wald am Horizont leuchtet der Himmel hell.
Helle Röte steigt über dem Horizont empor.
Feurig rot erscheint die Sonne.
Wir warten und schauen.
Langsam steigt die Sonne höher.
Ihre rote Glut wandelt sich in goldenes Strahlen.
Der Sonnenschein liegt warm auf den Blumen vor uns.
Die Tautropfen blitzen im Sonnenlicht.
Wir wollen einen Blumenstrauß pflücken.
Wir gehen in den Vorgarten hinein und pflücken ein paar Schneeglöckchen.
Wir wenden uns nach rechts und gehen zur Südseite unseres Hauses.

Dort wachsen gelbe Frühjahrsblumen.
Sie haben ihre Blütenkelche der Sonne geöffnet.
Wir pflücken ein paar.
Wir gehen in den Westteil des Gartens hinter dem Haus, wo ein großer Baum steht.
Auf der Wiese am Fuße des Baumes wachsen violette Blümchen.
Ihre Blüten sehen aus wie kleine Sterne.
Die Sonnenstrahlen fallen schräg über das Hausdach und berühren die violetten Blütensterne.
Wir pflücken ein paar.
Wir gehen weiter zur Nordseite unseres Hauses.
Dort stehen blaurote Glockenblumen.
Ihre Köpfchen wiegen sich leicht im Wind, der von Osten her kommt.
Wir pflücken ein paar.
Wir gehen zurück ins Haus, in unser Zimmer.
Wir ziehen die Vorhänge auf,
öffnen das Fenster, das nach Osten geht, und stellen die Blumen in eine Vase, die auf dem Fensterbrett steht.
Der Sonnenschein flutet durchs Fenster herein und läßt den Blumenstrauß in all seinen Farben leuchten.
Wir setzen uns auf den Stuhl vor dem Fenster und kreuzen die Arme auf der Brust, so daß die Fingerspitzen die Schultern berühren.

Sonne – Ich bin

oder

Licht – Ich bin

10. Es taut – Blumen sprießen

Wir befinden uns in einer schneebedeckten Gebirgslandschaft.
Wir sitzen auf einer Bank an der Südseite einer Berghütte und lehnen uns an die hölzerne Wand.
Die Sonne scheint, und wir lassen uns von ihr wärmen.
Die Holzwand hinter unserem Rücken ist von der Sonne aufgeheizt.
Wir stellen uns vor, wie die wohltuende Wärme in unseren Rücken einfließt.
Es ist ganz still ringsum.
Wir hören nur, wie die Tautropfen von den Eiszapfen, die an der Dachrinne hängen, herabfallen.
Unter der Schneedecke und den Eiskrusten am Boden müssen kleine Rinnsale fließen; denn wir hören Wasser glucksen.
Auf der schneebedeckten Wiese vor uns gibt es eine Stelle, wo das Gras durchschaut.
Wir sehen, wie von den Schneeresten das Tauwasser tropft und ins Gras sickert.
Immer mehr Schnee taut weg, immer größer wird die grüne Stelle.
Die Zeit läuft nun schnell: Ein grüner Sproß spitzt aus dem Boden.
Er wird zusehends größer.
Er öffnet sich oben und schiebt auf einem dünnen Stengel eine grüne Knospe heraus.
Der Mantel des Sprosses gibt seine geschlossene Form

auf und gliedert sich in drei längliche, spitz zulaufende Blätter.
In der Mitte sitzt die Knospe auf dem dünnen Stengel, der leicht hin und her schwingt.
Das Sonnenlicht liegt auf der Knospe und wärmt sie.
Sie öffnet sich und rollt ihre grünen Blätter nach unten ein.
Ein weißer Blütenkelch entfaltet sich.
Licht und Wärme fließen von oben in den weit geöffneten Blütenkelch.
Das Licht und die Wärme strömen weiter nach unten in den Stengel und die Blätter.

Wir lassen jetzt selbständig in der beschriebenen Weise noch mehr Blumen aus dem Boden hervorsprießen.
Wir gehen hin und berühren eine Blume behutsam mit den Händen.

Leben – Ich bin

11. Hinaus aufs Meer

Wir sind an Deck eines Segelschiffes.
Das Schiff hat den Anker gelichtet und gleitet aus dem Hafenbecken.
Am Kai stehen Menschen und winken.
Wir winken zurück.
Ein frischer Westwind bläht die Segel.
Jetzt wird die Fahrt schneller.
Das Schiff verläßt den Hafen.
Wir können die Menschen am Kai nicht mehr erkennen, so klein sind sie geworden.
Ein Schwarm von Möwen begleitet uns.
Wir hören ihre hellen Schreie über uns.
Sie schreien vor Freude über das Spiel ihrer Flügel im Wind.
Hafen und Stadt hinter uns sind nur noch ein Punkt an der Küste.
Das Schiff hebt und senkt sich in den Wellen.
Das Wasser rauscht an den Planken des Schiffes.
Weiße Gischt spritzt auf.
Die Küste hinter uns ist nur noch ein schmaler Streifen am Horizont.
Vor uns liegt die unermeßliche Weite des Meeres.
Die Sonne steht im Osten über dem Meer.
Wir fahren der Sonne entgegen.
Das Licht der Morgensonne glitzert auf den Wellenkämmen.
Wir setzen uns auf die Holzplanken des Decks und leh-

nen uns an den Mast mit dem Blick voraus.
Der Bug des Schiffes ist auf die Sonne gerichtet und geht in dem leichten Wellengang langsam auf und ab.
Die Sonne scheint uns ins Gesicht, auf Brust, Bauch und Beine.
Wir versuchen, uns ihre belebende Wärme vorzustellen.
Wir schließen die Augen.
Wir spüren den Mast in unserem Rücken.
Wir versuchen, in ihm die Kraft des Windes zu erspüren, der die Segel spannt.
Wir überlassen uns dieser vibrierenden, lebendigen Kraft.
Der Mast hält uns und stützt uns von hinten.
Der Wind hält uns und stützt uns von hinten.
Wir lassen uns von den Brettern tragen, auf denen wir sitzen.
Die Bretter tragen uns,
das Deck trägt uns,
das Schiff trägt uns,
das Meer trägt uns.
Unser Atem geht im Rhythmus der Wellen: Wenn eine Welle den Bug des Schiffes zur Sonne hebt, atmen wir ein; wenn sich der Bug ins Wellental senkt, atmen wir aus.
Beim Einatmen denken wir «Ich», beim Ausatmen lassen wir das Wort «bin» auf das Meer gleiten.
Wenn die Wellen zu hoch werden, denken wir beim Einatmen nichts und senden beim Ausatmen die Worte «Ich bin» auf die Wellen.
Wenn Flaute eintritt, holen wir beim Einatmen das Wort «Ich» von der Sonne vor uns und schicken beim Ausatmen das Wort «bin» zu ihr zurück.

12. Leben entwickelt sich

Wir gehen hinaus aus dem Ort, wo wir wohnen.
Vor uns liegen Wiesen und Äcker.
Wir gehen einen Feldweg entlang.
Am Wegesrand steht eine Bank, an deren Lehne ein Schild angebracht ist.
Darauf steht: «Dies ist die Bank der Zeitfreiheit.»
Wir setzen uns auf die Bank.
Wir betrachten den Acker, der vor uns liegt: Ein Hauch von zartem Grün liegt über dem dunklen Braun.
Die Sonne scheint warm.
Die grünen Keime strecken sich ihr entgegen und wachsen zusehends aus dem Boden hervor.
Das Feld ist ganz grün geworden.
Eine Wolke zieht über das Feld.
Aus der Wolke fällt Regen hernieder.
Das Regenwasser tränkt den Ackerboden.
Die Wurzeln saugen das Naß auf.
Die Halme wachsen zu ihrer vollen Größe empor.
Die Wolke zieht weg, und die Sonne scheint wieder warm.
Oben auf den Halmen erscheinen grüne Ähren.
Im Licht und in der Wärme der Sonne werden sie größer und dicker.
Der Sonnenschein wird noch wärmer. Der Ackerboden am Feldrand ist hart, trocken und rissig geworden.
Rote Mohnblumen und blaue Kornblumen stehen im Feld.

Das Getreide wird gelb.
Wind kommt auf und wiegt die gelben Getreidehalme mit ihren schweren Ähren.
Wir stehen auf, gehen zum Kornfeld und lassen die Ähren durch unsere Hände gleiten.
Wir kehren zu unserer Bank zurück und schauen weiter umher.
Unter einem Busch entdecken wir eine weiße Kugel.
Der Schein und die Wärme der Sonne liegen voll auf ihr.
In der Kugel entsteht ein Drang nach oben, zur Sonne hin.
Die Kugel streckt sich leicht nach oben und entwickelt sich zu einem Ei.
Licht und Wärme werden stärker.
Das Ei saugt das Licht und die Wärme in sich ein.
Das Ei ist von Leben erfüllt.
Es beginnt sich zu bewegen.
Oben wird die Schale aufgehackt.
Ein Küken kommt hervor.
Wir nehmen es in die Hand und streicheln es.

Leben – Ich bin

13. Auf dem Tafelberg

Wir befinden uns auf einem Hochplateau, auf einem Tafelberg. Im weiten Umkreis erstreckt sich Felsgebirge.
Der Berg, auf dem wir stehen, ist der höchste. Soweit das Auge reicht, sehen wir Bergketten, eine hinter der anderen.
Vor uns auf dem Plateau liegen mächtige Steine. Wind und Wetter haben die Kanten der Steine rundgeschliffen.
Einer der Blöcke ist aus rötlichem Stein und sieht fast aus wie eine liegende Kuh.
Ein anderer ist schwarz und ähnelt einem großen Hund, der sich am Boden ausgestreckt hat und den Kopf hebt.
Dahinter stehen nebeneinander zwei gewaltige Rundblöcke.
Sie sehen aus wie die zwei Pfosten eines großen Tores.
Durch das Tor blicken wir in das Blau des Himmels.
Der Himmel ist hier so weit wie sonst nirgendwo.
Die Bergluft ist ganz klar. Wir können weit in das reine Blau des Himmels hinausblicken.
Der Himmel über uns ist wie ein unermeßlicher Ozean.
Nicht weit über uns segeln weiße Wolkenschiffe.
Sie liegen alle in der gleichen Luftschicht und sehen aus wie eine Flotte, die zusammengehört.
Die Wolken sind ganz von der Sonne durchlichtet.
Die große Wolke vor uns ist unten breit und flach. Darüber türmt sich ein weißer Berg.
Halbkugeln mit leuchtenden Rändern quellen aus der Wolke hervor. Die Halbkugeln zerfließen und werden von Licht durchflutet.

Der Wolkenberg löst sich auf.
Die Wolke sammelt sich wieder und sieht nun aus wie ein großer weißer Fisch. Der Fisch zieht seinen Schwanz ein, sein Kopf beginnt zu quellen.
Die Wolke sieht jetzt aus wie eine Stadt, die auf einem Hügel steht. Deutlich erkennen wir Häuser und Türme.
Die Türme werden dünn, und das Sonnenlicht durchglüht sie.
Jetzt schließt sich die Wolke zu einer Kugel zusammen und segelt weiter mit den anderen in die Weite des Himmels.
Wir lassen die Wolke ziehen und wenden uns wieder der Erde zu.
Wir blicken zu Boden.
Zu unseren Füßen wächst eine Blume.
Ihre Blüte ist eine weiße Glocke.
Der Stengel schwingt mit der weißen Glocke im Wind sacht hin und her.
Auf halber Höhe trägt der Stengel herzförmige Blätter.
Die Blätter schwingen nur ganz wenig.
Der Fuß des Stengels steht ruhig da.
Das Wurzelwerk ist fest im Boden verankert.
Wir stellen uns noch mehr solche Blumen vor.
Wir finden eine gefüllte Wasserkanne am Boden, mit der wir die Blumen gießen.

Himmel (beim Einatmen) – und Erde (beim Ausatmen)

Ich (beim Einatmen) – bin (beim Ausatmen)

14. Apfelbaum in Blüte

Wir liegen im Bett.
Wir sind gerade aufgewacht.
Das Tageslicht schimmert schon durch die geschlossenen Vorhänge ins Zimmer herein.
Draußen hören wir die Stimmen spielender Kinder.
Wir stehen auf und ziehen uns an.
Wir gehen zum Fenster und öffnen die Vorhänge.
Es ist schon Tag, und die Sonne scheint.
Der Apfelbaum im Vorgarten ist über Nacht aufgeblüht.
Seine alten Äste sind über und über bedeckt von rotweißen Blüten.
Es ist, als hätte sich eine weiße Wolke auf den alten Apfelbaum herabgesenkt.
Wir öffnen das Fenster.
Frische Luft kommt herein.
Ein Luftzug weht den Duft der Apfelblüten zu uns her.
Die ganze Baumkrone ist erfüllt von einem Ton: dem Summen von Bienen.
Wir wollen jetzt hinausgehen zum Apfelbaum. Wir verlassen das Zimmer und gehen durch den Gang zur Haustür hinaus in den Vorgarten.
Wir stehen nun unter dem blühenden Baum. An den tiefer hängenden Ästen können wir die Blüten genau erkennen: Außen sind die Blütenblätter rot, innen sind sie weiß.
Die halbgeöffneten Knospen sind fast ganz rot, die geöffneten Blüten sind weiß mit einem Schimmer von Rot.

Wie Schalen sind die Blüten dem Sonnenlicht geöffnet, das von oben in sie einfließt.
Wir steigen jetzt auf den Baum.
Wir klettern so hoch hinauf, wie uns die Äste gerade noch tragen.
Wir setzen uns in eine dreifache Gabelung des Stammes.
Da sitzen wir bequem und sicher.
Ganz nah vor unserem Gesicht sind Zweige mit Blüten.
Im Geäst, das etwas weiter entfernt ist, müssen es Hunderte von Blüten sein.
Ringsum, wie in einer Kugel mit einem Durchmesser von mehreren Metern, umgeben uns Tausende von Blüten.
Zwischen den Ästen sehen wir den blauen Himmel.
Der Stamm des Baumes, auf dem wir sitzen, schwingt leicht hin und her.
Wir überlassen uns der schwingenden Bewegung.
Wir haben Zeit. Wir versäumen nichts.
Wir sitzen inmitten einer Wolke aus Blüten; wir riechen ihren Duft; wir hören das Summen von Bienen ringsum.
Der Sonnenschein wird immer wärmer und belebender.
Die Blüten öffnen sich der Sonne immer weiter.

Liebe – Ich bin

15. Der Berg spiegelt sich im See

Vor uns liegt Nebel.
Der Nebel lagert über einem See.
Wir sitzen auf einer Bank am Ufer dieses Sees.
Hinter uns und zu unseren Seiten stehen Tannen und Fichten.
Es ist früher Morgen.
Von oben her sickert Helligkeit durch den Dunst.
In der Höhe beginnt der Wasserdampf zu leuchten.
Er wird durchsichtig.
Wir können den blauen Himmel darüber erahnen.
Der Dunst gerät in Bewegung.
Ganz oben erscheint ein Streifen blauer Himmel.
Das Licht dringt weiter nach unten vor.
Noch mehr Nebel wird hell, steigt nach oben und löst sich auf.
Über den tiefliegenden Nebelschwaden taucht im Hintergrund die Spitze eines Berges auf.
Die ersten Strahlen der Morgensonne berühren den Gipfel.
Das Licht von oben erfaßt jetzt die ganze Nebelbank vor uns.
Die Umrisse des Berges beginnen sich abzuzeichnen:
Seine beiden Seiten verlaufen im gleichen Winkel nach unten.
Der Berg hat die Form eines gleichseitigen Dreiecks.
Das Licht der Sonne erreicht die Oberfläche des Sees.
Die letzten Reste des Nebels lichten sich.

Wir können nun weit auf den See hinausblicken.
Der See reicht bis zum Fuße des Berges.
Tannen und Fichten rahmen den See ein.
Der Felsberg liegt jetzt ganz im Licht der Morgensonne.
Der See liegt frei vor unseren Blicken.
Die Oberfläche des Sees ist völlig glatt.
Der Berg spiegelt sich im See.
Im Spiegelbild zeigt die Spitze des Berges nach unten.
Im Spiegelbild weist die Spitze des Berges auf uns.
Im restlichen Teil des Sees spiegelt sich der blaue Himmel.
Ganz oben am Himmel bildet sich eine weiße Wolke; ganz unten auf dem See, unmittelbar vor uns, erscheint ihr Abbild.
Die Wolke berührt die Spitze des Berges – oben wie unten.
Wir stehen auf, breiten die Arme aus und strecken sie dem Bild entgegen.

Ganz sein – Ich bin

16. Die Kastanie

Wir stehen vor einem Haus.
An der Haustür ist ein Schild angebracht. Darauf steht unser Vorname und unser Familienname.
Wir gehen in das Haus hinein.
Wir gelangen in einen dämmrigen Flur.
Durch das Glas der Hintertüre fällt Licht herein.
Wir gehen zur Hintertür und öffnen sie.
Wir blicken in unseren Garten.
Auf der Türschwelle liegt eine Kastanie.
Wir bücken uns und nehmen die Kastanie in die Hand.
Wir fühlen sie in unserer Hand und betrachten sie.
Wir werden die Kastanie in unserem Garten eingraben.
Wir nehmen einen Spaten, der an der Haustür lehnt.
Wir gehen in unseren Garten und suchen eine freie Stelle.
Dort heben wir mit dem Spaten ein Loch aus,
legen die Kastanie hinein
und schließen das Loch wieder.
Wir nehmen eine Kanne voll Wasser und gießen den Samen an.
In der Nähe steht eine Bank.
An der Lehne ist ein Schild befestigt. Darauf steht: «Bank der Zeitfreiheit.»
Wir gehen zur Bank und setzen uns.
Wir blicken zu der Stelle hin, wo wir die Kastanie eingegraben haben.
Die Morgensonne scheint und liegt warm auf dem Erdreich.

Ein grüner Keim schiebt sich aus dem Boden.
Er wird größer und dicker.
Der Sproß wird braun.
An seiner Spitze und an allen Seiten bilden sich grüne Knospen.
Aus den Knospen wachsen seitwärts grüne Triebe hervor.
Der kleine Baum wächst und wird größer.
Auch die Seitentriebe werden braun und bilden grüne Knospen.
Aus den Knospen entwickeln sich Blätter.
Die Knospe an der Spitze schiebt eine weiße Blüte hervor.
An ihrem unteren Rand sind die Blütenblätter rot.
Der Baum wächst und wächst und bildet immer mehr Zweige und Blätter aus, bis er seine endgültige Gestalt gewonnen hat.
Der Stamm ist dick und stark.
Die Äste sind kräftig und weit ausladend.
Das Blattwerk ist sattgrün und dicht.
Aus der Blüte am obersten Trieb entwickelt sich der typische Blütenstand der Kastanie.
Er sieht aus wie ein kleiner Blütenbaum.
Der Kastanienbaum steht in vollem Sonnenlicht.
Auf allen Ästen sprießen rotweiße Blütenstände hervor.
Sie stehen aufrecht wie Kerzen.
Eine Biene fliegt heran, landet auf einer Blüte und kriecht hinein.
Noch mehr Bienen fliegen herbei und lassen sich auf den Blüten nieder.
Wir hören das Summen der Bienen.
Der ganze Baum ist erfüllt vom Summen der Bienen.
Eine Wolke zieht vor die Sonne.
Die Blüten schließen sich.

Die Bienen sind fort.
Es beginnt zu regnen.
Die Blätter des Baumes nehmen den Regen auf.
Wir hören das Rauschen des Regens im Baum.
Es hört auf zu regnen,
die Wolke zieht weg,
und die Sonne scheint wieder.
Die alten Blütenstände hängen jetzt nach unten.
Sie sind gelbgrün geworden.
Die Blüten selbst haben sich zu dicken Kapseln entwickelt.
Manche Kapseln sind aufgesprungen.
Wir sehen darin dunkelbraune Kastanien.
Die Kastanien beginnen herunterzufallen.
Wir stehen auf und rufen: «Meine wahren Freunde, kommt und habt teil an meinen Kastanien.»
Wir warten ab, wer erscheint, und beobachten, ohne in irgendeiner Form einzugreifen.

Leben (beim Einatmen) – durch Liebe (beim Ausatmen)

Ich (beim Einatmen) – bin (beim Ausatmen)

17. Sonnenaufgang im Gebirge

Wir steigen einen Berg hinauf.
Der Morgen dämmert erst.
Wir sind mitten in der Nacht aufgestanden.
Der größte Teil unseres Weges liegt schon hinter uns.
Wir setzen sorgfältig jeden Tritt.
Wir sehen schon den Gipfel. Er ist nicht mehr weit.
Hoch oben am Himmel wird es hell.
Alles ist still.
Wir spüren die Weite, die uns umgibt.
Wir sind nahe am Gipfel. Er steht dunkel vor dem hellen Himmel.
Wir kommen an, setzen uns und lehnen uns an das Gipfelkreuz.
Vor uns liegt ein tiefes Tal, das noch ganz in Dunkel gehüllt ist.
Dahinter erhebt sich eine gewaltige Bergwand.
Der Himmel über der Bergwand wird immer heller.
An einer Stelle der Wand, genau vor unserem Blick, rötet sich der Himmel.
Rote Lichtgarben schießen über die Felskante.
Der Fels scheint zu brennen.
Ein roter Feuerball erhebt sich hinter dem Felsen.
Lichtschäfte schießen in die dunklen Klüfte hinunter.
Die Gestalt des Gebirges wird sichtbar.
Die Sonne steigt langsam höher.
Ein Vogel beginnt in der Ferne zu singen.
Ein zweiter antwortet ihm.

Jetzt singt ein Vogel ganz in unserer Nähe.
Die hellrote Sonne hat sich ganz über den Horizont erhoben.
Der Himmel leuchtet in feinem Blau.
Die Felsflanken schimmern hell im Sonnenlicht.
Überall singen die Vögel.
Während die Sonne höher steigt, wandelt sich ihr Licht von Hellrot zu Gelb.
Die Sonnenstrahlen dringen ins Tal.
Wir erkennen ein Dorf mit einer Kirche.
Die Glocke der Kirche beginnt zu läuten.
Wir lauschen dem fernen Klang.
Die Sonne scheint warm auf unseren Leib.
Wir lassen uns von der Sonne wärmen.
Neben uns sitzt ein Vogel und stellt sein Gefieder auf, damit die Sonnenwärme hinein kann.
Es ist heller Tag geworden.
Wir erheben unsere Arme zur Sonne.

Sonne – Ich bin

oder

Licht – Ich bin

18. Im Fichtenwald

Wir stehen am Waldrand und blicken in das Tal, das vor uns liegt.
Es ist früher Morgen, und die ersten Sonnenstrahlen lichten den Nebel auf.
Direkt vor uns, auf einer Wiese, äsen Rehe.
Eines von ihnen wirft den Kopf hoch und äugt zu uns herüber.
Wir sind ganz still.
Das Reh ist beruhigt und beginnt wieder zu äsen.
Wir wenden uns um und gehen in den Wald hinein.
Zu beiden Seiten unseres Weges stehen junge Fichten.
Tautropfen glänzen auf den grünen Nadeln
und auch in den weißen Spinnennetzen und auf den Fäden, die sich über die Zweige spannen.
Auf unserem Weg tiefer in den Wald hinein hüllt uns das Grün der Fichten von allen Seiten ein wie eine lebendige Kraft.
Wir treten nun in Hochwald ein.
Moospolster bedecken den Boden.
Wir gehen wie auf einem weichen Teppich.
Die Stämme der Fichten stehen mächtig da wie Säulen, die uns auf allen Seiten umgeben.
Ihre grünen Äste hängen schwer und tief herab.
Einzelne Sonnenstrahlen blitzen durch das Geäst zu uns herunter.
An einer Stelle sitzt ein Eichkätzchen und benagt einen Fichtenzapfen.

Wir sind ganz still und schauen ihm zu.
Durch das Astwerk sehen wir schon ein Stück blauen Himmel.
Wir gehen weiter.
Jetzt finden wir Pilze und betrachten sie.
Wir gehen weiter.
Ganz vorn, hinter dem Dämmerlicht des Hochwaldes, sehen wir eine Lichtung.
Sie liegt in vollem Sonnenschein.
Wir gehen auf sie zu.
Die Bäume stehen jetzt in größeren Abständen zueinander, und der Sonnenschein dringt bis auf den Waldboden herab.
Die Lichtung vor uns ist bedeckt von hohem, strohgelbem Waldgras.
Auf der anderen Seite, am jenseitigen Waldrand, erheben sich nebeneinander drei riesige Fichten.
Ihre mächtigen Äste hängen herab wie die angelegten Flügel eines Vogels.
Auf ihren tausend grünen Zweigen leuchtet die Morgensonne.
Ihre Stämme sind so stark, daß nur mehrere Menschen sie umspannen könnten.
Ihre Rinde besteht aus großen Schuppen oder flachen Schalen, die sich nach außen öffnen.
Auf ihnen liegt warm die Sonne.
Wir gehen hin und setzen uns an den Fuß des mittleren Baumes.
Wir strecken die Beine auf dem Waldboden aus und lehnen uns an den Stamm.
Unser Becken wird gehalten von zwei mächtigen Wurzeln, die erst ein Stück über den Boden laufen, bevor sie

sich in die Tiefe senken.
Wir lassen uns von den Wurzeln halten und vom Stamm von hinten her stützen.
Unter unseren Beinen und dem Gesäß spüren wir den warmen Waldboden.
In unserem Rücken erfühlen wir die Wärme, die aus der Baumrinde in uns hereinströmt.
Wir lassen unseren ganzen Körper von dieser Wärme beleben.
Nur unsere Stirn und unser Gesicht bleiben kühl; ein tiefhängender Ast spendet Schatten.
Nun verwandeln wir uns in den Baum: Unsere Beine wachsen mit den freiliegenden Wurzeln zusammen.
Unsere Füße strecken sich in die Erde.
Unser Rumpf wird zum Baumstamm.
Unsere Schultern, Arme und Hände sind die Äste, die tief und schwer herabhängen.
Unser Hals und Kopf ist der Wipfel, der frei über dem Waldmeer steht.
Die Baumkrone wiegt leicht im kühlen Luftzug.
Über uns schwebt eine weiße Taube.
Die Taube senkt sich sanft herab
und läßt sich auf der höchsten Spitze nieder.

Leben (beim Einatmen) – im Geist (beim Ausatmen)

oder

in der Stille (beim Ausatmen)

Ich (beim Einatmen) – bin (beim Ausatmen)

19. Am Wasserfall

Wir machen eine Wanderung im Hochgebirge.
Wir steigen einen Hang hinauf zwischen Steinen und Felsen.
Wir sind vom langen Gehen müde geworden.
Wir freuen uns schon auf die Rast.
Wir erreichen den oberen Rand des Hangs. Der steile Aufstieg ist geschafft.
Vor uns liegt ein kleines Hochplateau.
Dahinter erhebt sich ein schneebedeckter Felsberg.
Über seine steile Vorderseite ergießt sich ein Wasserfall wie ein silbrig weißes Band.
Wir gehen auf ihn zu.
Je näher wir kommen, desto höher erscheint die Felswand mit dem Wasserfall.
Er gleicht einem feinen, weißen Schleier, der sich langsam herniedersenkt.
Wir gehen das letzte Stück Weg. Dabei wird der Wasserfall immer breiter und höher.
Mehrere Schleier aus feinsten Wasserperlen schweben vor uns herab.
Wir hören das leise Rauschen des Wassers.
Wir überqueren noch einen Hügel, dann haben wir freie Sicht auf den Fuß des Berges.
Vor uns liegt ein Wasserbecken, ein kleiner See.
Die Wasserschleier kommen von hoch oben und wehen in die Mitte des Beckens.
Die Luft ist von glitzerndem Wasserstaub erfüllt.

Jetzt kommt die Sonne hinter einer Wolke hervor.
Die Millionen von Wassermolekülen über uns blitzen im Sonnenlicht auf.
Über uns spannt sich ein Regenbogen.
Wir ziehen uns aus und steigen in das Wasserbecken.
Das Wasser ist glasklar. Es erfrischt und belebt unsere Füße.
Wir gehen jetzt weiter in das Becken hinein.
Wir erreichen den ersten Schleier.
Der Wasserschleier benetzt unser Haar, unsere Schultern, unseren ganzen Körper.
Wir erspüren die belebende Frische des Wassers.
Wir gehen noch weiter in das Becken hinein.
Ein dichter Wasserschleier kommt auf uns herab.
Wir überlassen uns ganz der zarten Kraft des Wassers, das von oben kommt.
Wir erheben die Arme und öffnen sie nach oben.

Reinheit – Ich bin

Besonderer 2. Teil, Seite 227

20. Die Wanderung zu den drei Bergen

Wir gehen ein Wiesental entlang.
Auf unserer linken Seite fließt uns ein Bach entgegen.
Das Wasser läuft schnell über das steinige Bachbett.
Wir gehen langsam voran.
Auf unserer rechten Seite breitet sich eine Wiese aus.
Sie ist übersät von gelben Löwenzahnblüten.
Im Gras hängen noch Tautropfen.
Die Luft ist frisch.
Es ist noch früh am Tag.
Hoch oben schwebt eine Lerche und singt.
Sonnenschein liegt über dem Tal.
Wir gehen immer weiter.
Das Tal wird enger.
An der Talböschung auf beiden Seiten begleitet uns jetzt Wald.
Vor uns liegen Berge.
Wir gehen direkt auf einen von Wald bedeckten Berg zu.
An seinem Fuße gabelt sich das Tal.
Von links her nimmt der Bach einen Zufluß auf.
Wir folgen dem Bachlauf nach rechts.
Das Bachbett ist schmal geworden.
Das Wasser gleitet und spritzt über große, runde Steine.
Der Wald tritt näher heran und läßt nur einen schmalen Wiesenstreifen frei.
Unser Weg wird steiler.
Wir steigen langsam bergauf.
Uns wird warm.

Wir nähern uns einer Kuppe.
Dahinter muß es eben weitergehen.
Wir erreichen die Kuppe.
Vor uns öffnet sich ein weiter Ausblick. Das Wiesental wird breit und umrahmt einen See, aus dem unser Bach fließt.
Dahinter erheben sich drei Berge.
Die drei Berge sind gleich breit, aber der mittlere ist höher.
Die beiden äußeren Berge sind bis ganz oben von Wald bedeckt.
So weit hinauf, wie die äußeren Berge reichen, ist auch der mittlere Berg bewaldet.
Der Gipfel des mittleren Berges ist aus Stein.
Sonnenlicht liegt auf dem Gipfel.
Wir gehen den leichten Weg zum See.
Wir ziehen Schuhe und Strümpfe aus und hängen die Füße in das kalte Wasser des Bergsees.
Die Oberfläche des Sees ist spiegelglatt.
Die drei Berge spiegeln sich im See: Wir breiten die Arme aus und nehmen das Bild auf.

Dreiheit – Ich bin

21. Adler über der Felswand

Wir sind im Hochgebirge.
Vor uns senkt sich das Gelände in eine breite Mulde hinein und steigt auf der gegenüberliegenden Seite wieder an.
Eine große Almwiese bedeckt die ganze Mulde.
Weit und breit dehnen sich grüne Matten vor unseren Augen.
Überall wachsen Blumen.
Der Grund in der Mitte der Mulde ist ganz gelb vor lauter Sumpfdotterblumen.
Am Hang gegenüber stehen verstreut hölzerne Hütten fürs Heu.
Dahinter steigt steil eine Felswand auf.
Die Felswand kommt von links aus einem Gebirgsmassiv und fällt rechts steil ab.
Die Felswand ist in schattiges Blau gehüllt.
Wie ein gewaltiger Riegel liegt der Berg vor uns.
Darüber wölbt sich der blaue Himmel.
Wir blicken in weite Himmelsfernen.
Das Blau des Himmels ist lichterfüllt.
Wir sehen einen Punkt in der Höhe.
Der Punkt bewegt sich langsam in einem Kreis.
Es ist ein Vogel mit ausgebreiteten Flügeln, wohl ein Adler.
Wir beobachten den Vogel, wie er sich in rechtsdrehenden Spiralen von der aufsteigenden warmen Luftströmung immer höher tragen läßt.

Jetzt entdecken wir etwas höher einen zweiten Adler, der sich kreisend nach oben bewegt.
Und noch höher einen dritten, der fast still zu stehen scheint.
Die Adler schweben hoch über der Felswand.
Sie lassen sich von der Luft tragen
immer weiter nach rechts
über die Felskante hinaus.
Wir überlassen die Adler ihrem Reich, dem Reich der Lüfte, und wenden uns wieder der Erde zu.
Die Blumen auf der Wiese vor uns lassen ihre Blütenköpfe im Wind tanzen,
die Stengel schwingen sachte hin und her,
ihre Wurzeln ruhen fest verankert in der Erde.
Wir berühren die Blumen mit unseren Händen und lassen sie durch unsere Finger gleiten.

Treue (beim Einatmen) – zur Erde (beim Ausatmen)

Ich (beim Einatmen) – bin (beim Ausatmen)

22. Gipfelrast

Wir haben einen Berg bestiegen und nähern uns dem Gipfel.
Auf einem Felsen steht das Gipfelkreuz.
Wir klettern den Felsen hinauf, setzen uns auf den Boden und lehnen uns an den Stamm des Gipfelkreuzes.
Weil wir vom langen Aufstieg müde sind, lassen wir unseren Körper ausruhen.
Wir spüren, wie schwer unsere Glieder und unser Rumpf sind.
Wir lassen uns vom felsigen Boden tragen und vom Holzstamm des Gipfelkreuzes von hinten her stützen.
Unsere Augen sind geschlossen.
Wir spüren den frischen Wind im Gesicht und am ganzen Körper.
Wir ahnen die Weite des Himmels, die uns umgibt.
Ringsum herrscht Stille.
Mit der ganzen Haut unseres Körpers nehmen wir die Stille auf, die von allen Seiten auf uns einströmt.
Wir verweilen und lassen uns von der Stille durchdringen.
Wir öffnen die Augen wieder und schauen in das Blau des Himmels.
Wir sehen Vögel, die sich mit weit ausgebreiteten Flügeln von den warmen Aufwinden tragen lassen.
Wir senken den Blick nach unten: Wald bedeckt die Hügel und Berge bis zum Horizont.
Auf einer Waldwiese grast eine Rinderherde.

In der Mitte der Wiese steht ein Bauernhaus, aus dessen Schornstein weißer Rauch aufsteigt.
Wir schauen noch weiter nach unten: Dort sehen wir einen kreisrunden See, der so blau ist wie der Himmel.
Menschen in farbenfrohen Kleidern fahren von allen Seiten in Booten auf den See hinaus.
Jetzt hören wir vertraute Stimmen in unserer Nähe. Unsere Freunde, denen wir vorausgegangen sind, kommen am Gipfel an.
Wir begrüßen unsere Freunde und fordern sie auf, bei uns Platz zu nehmen.
Wir packen unsere Vorräte aus und beginnen zusammen mit unseren Freunden zu essen und zu trinken.

Friede – Ich bin

23. Der Aussichtsturm im Wald

Wir wandern durch Fichtenwald.
Die Bäume sind hoch und haben starke Stämme.
Ihre mächtigen Äste breiten sich weit aus.
Der Boden ist von einer dicken Schicht von Fichtennadeln bedeckt, so daß er unter unseren Füßen federt.
Sonnenschein filtert durch das Astwerk.
Lichtschäfte dringen bis auf den Boden herab.
Wir nähern uns einer Lichtung.
In der Mitte der Lichtung steht ein hölzerner Aussichtsturm.
Wir gehen dorthin.
Eine Wendeltreppe führt hinauf und beschreibt dabei eine Rechtsdrehung.
Wir steigen die Treppe hinauf, indem wir eine nach rechts gerichtete Spiralbewegung ausführen, bis wir einen Kreis vollendet haben.
Wir treten auf eine Aussichtsplattform hinaus.
Wir blicken von oben auf die Baumkronen der Fichten.
So weit das Auge reicht, sehen wir Fichtenwald.
Wir wenden uns nach rechts und gehen langsam um die kreisförmige Plattform herum: Dabei sehen wir überall Fichtenwald, ein grünes Meer aus Fichtenwipfeln.
Tauben sitzen auf den Baumkronen und gurren.
Heller Sonnenschein liegt auf dem Wald.
Wir beenden unseren Rundgang und kehren zu unserem Ausgangspunkt zurück.
Von da führt eine zweite Wendeltreppe, wieder im Uhr-

zeigersinn, nach oben.
Wir steigen, wie vorhin, in einer rechtsdrehenden Spirale nach oben.
Wir vollenden den Kreis und erreichen eine zweite Aussichtsplattform.
Der Fichtenwald liegt nun weiter unter uns.
Unser Gesichtskreis ist viel größer geworden: In der Ferne, am Horizont erheben sich bewaldete Höhen, Waldberge.
Wir machen wieder einen Rundgang im Uhrzeigersinn: Dabei schauen wir über das weite Land hinüber zu dem Ring der Berge.
Wir kommen wieder zu unserem Ausgangspunkt zurück.
Auch hier finden wir eine nach rechts gerichtete Wendeltreppe, die weiter nach oben führt.
Wir steigen die Treppe hinauf, bis wir eine neue Spiralwindung vollendet haben.
Eine dritte Aussichtsplattform gewährt uns einen Blick in noch größere Fernen: Tief unter uns liegt der Talkessel mit dem Fichtenwald.
Jetzt können wir in das Waldgebirge dahinter hineinsehen: Wir sehen Täler und Höhen, Dörfer und Straßen.
Den Horizont verhüllt zunächst Dunst.
Wir wenden uns von neuem nach rechts und machen einen dritten Rundgang: In der Ferne blinkt das Blau eines Sees.
Wir gehen weiter.
Am Horizont erheben sich die leuchtenden Türme einer Stadt.
Wir gehen weiter.
Jenseits der Waldberge, in weiter Ferne, steht ein großer Felsberg mit drei Gipfeln.

Das Felsgestein des Berges blitzt weiß im Sonnenschein.
Jetzt sind unsere Freunde bei uns.
Wir zeigen ihnen den weißen Berg.

Freude – Ich bin

24. Mittsommer

Wir machen Rast bei einer Wanderung im Hochgebirge.
Wir sitzen auf einer Felskanzel und blicken in das tiefe Tal vor uns.
Das Sonnenlicht filtert nur spärlich hinab.
Die Schluchten und Gründe liegen in schattigem Blau.
Uns gegenüber erhebt sich ein Berg. Sein Rücken steigt von links nach rechts schräg nach oben und fällt dann steil ab.
Der Hang des Berges ist in dämmriges Blau gehüllt.
Die senkrecht verlaufenden Geröllrinnen sehen aus wie Silberbänder, die in die Höhe steigen.
Rechts über dem höchsten Grat des Berges steht eine Kumuluswolke.
Eine Wolkenschicht türmt sich auf die andere.
Das Licht der Mittagssonne leuchtet in dem weißen Wolkengebirge.
Die Sonne vergoldet die Wolkenränder.
Die Wolke quillt und türmt sich immer höher auf.
Immer neue Schichten lassen sich vom Glanz der Sonne durchdringen.
Die Wolke erscheint wie eine lichtdurchflutete Barockkirche.
Manche Wolkengebilde gleichen spielenden Engeln.
Es ist, als wären die weißen Stuckengel der Kirche lebendig geworden.
Schwerelos drehen sich die Wolkenengel wie beim Tanz.
Wenn wir das Spiel der Wolkengestalten im Sonnenlicht

hören könnten, wäre es wie Orgelmusik.
Ganz oben sind die Wolkenränder rotgold.
Die rotgoldenen Linien bilden ein Gesicht, das herunterschaut.
Aus dem Wolkengesicht strahlt höchste Freude.
Die Sonne ist in den Zenit gestiegen.
Das Sonnenlicht liegt mittagswarm auf dem Felsberg.
Das warme Sonnenlicht gleitet die felsigen Flanken hinab.
Über dem höchsten Punkt des Berges, unmittelbar unter der großen Wolke, erkennen wir jetzt ein Gipfelkreuz.
Es hebt sich deutlich ab von dem Hintergrund der leuchtenden Himmelsferne.

Ganz sein – Ich bin

Besonderer 2. Teil, Seite 227

25. Johannisfeuer

Wir befinden uns auf einer Bergkuppe hoch über dem Land.
Es ist Abend.
Die dunkelrote Sonnenscheibe berührt schon den Horizont.
Die Täler liegen bereits im Schatten.
Langsam versinkt die Sonne.
Ihr letzter Schein färbt die Wolken über dem Horizont violett.
Wir wenden uns nach rechts zur Mitte der Bergkuppe.
Dort steht ein großer Holzstoß.
Wir zünden das Holz an.
Die Flamme ist erst klein,
breitet sich dann immer weiter aus
und erfaßt schließlich den ganzen Holzstoß.
Wir sind nicht allein.
Ein Kreis von Menschen umringt das lohende Feuer.
Wir sind ein Glied in dieser Menschenkette.
Wir halten uns an den Händen.
Mit unserer Linken halten wir die Hand unserer Mutter.
Mit unserer Rechten halten wir die Hand unseres Vaters.
Wir erkennen im Kreis die Gesichter von Geschwistern,
von Verwandten,
von Freunden.
Wir gehen miteinander im Uhrzeigersinn um das Feuer herum und singen dabei ein Lied.
Die Flamme nimmt immer mehr die Form einer Kugel an.

Außen ist die Feuerkugel rot, weiter innen ist sie gelb, im Innersten ist sie weiß.
Wir bleiben stehen.
Einer aus dem Kreis springt mit einem Freudenschrei mitten durch die Feuerkugel.
Uns gegenüber steht ein Bekannter, der uns nicht so sympathisch ist.
Der springt jetzt durch die Lichtkugel, eventuell im Zeitlupentempo, und schreit vor Freude.
Er steht nun in unserer Nähe. Wir versuchen uns vorzustellen, daß das, was uns an ihm gestört hat, nun weg ist.
Wenn noch etwas Störendes an ihm ist, bitten wir ihn, weiter durch das Feuer zu springen, bis er sich ganz rein fühlt.
Wenn wir wollen, springen wir auch durchs Feuer, immer wieder.
Wir bemühen uns, zu empfinden, wie uns das Feuer licht macht.

Besonderer 2. Teil, Seite 227

26. Den Bach hinauf zur Quelle

Vor uns liegt ein Wiesental.
In der Mitte fließt uns ein Bach entgegen.
Büsche und Bäume säumen seine Ufer.
Wir stehen am Ufer des Baches und schauen ins Wasser, das munter dahinplätschert.
Es ist nur knöcheltief.
Das Bachbett besteht aus hellem Sand.
Hier und da funkelt ein Sandkörnchen im Sonnenlicht, als wäre es aus Gold.
Es ist ein warmer Hochsommertag.
Uns ist am ganzen Körper warm.
Der Bach verheißt Kühle und Erfrischung.
Wir stellen uns vor, daß wir barfuß sind und Shorts anhaben.
Wir steigen in den Bach hinein und beginnen, aufwärts zu waten.
Wir erspüren die belebende Frische des fließenden Wassers an unseren Füßen.
Der grobe Sand tut unseren Fußsohlen gut.
Wir folgen den leichten Biegungen des Wasserlaufs.
Ab und zu flitzt eine Forelle bachaufwärts.
Wir spüren, wie die Kraft des Wassers unsere Unterschenkel emporsteigt.
Die Luft riecht nach Wasser.
Wir fühlen die frische Luft an unserem ganzen Körper.
Das Blätterwerk der Bäume rechts und links schirmt die Hitze des Tages ab.

Wir blicken nach vorn.
Das Wasser plätschert uns entgegen wie ein lebendiges Band aus Silber und Gold.
Das Bachbett wird schmaler.
Das Wasser fließt jetzt schneller;
denn das Gefälle ist größer geworden.
Wir steigen aufwärts.
Das Bachbett bilden nun abgerundete Steinplatten.
Das strömende Wasser zieht an unseren Füßen.
Also setzen wir jeden Tritt ganz sorgfältig.
Der Bach hat das Wiesental verlassen und fließt nun durch eine Senke, die von hohen Fichten umgeben ist.
Es ist ganz still.
Wir hören nur, wie der Bach rauscht.
Vor uns erblicken wir einen Felsen.
An seinem Fuß tritt die Quelle hervor und sammelt sich in einem Becken.
Das Quellwasser ist kristallklar.
Die Sonne leuchtet das Wasser aus bis zum Grund.
Wir bilden aus den Händen eine Schale, schöpfen Wasser und trinken.

Leben – Ich bin

oder

Reinheit – Ich bin

Besonderer 2. Teil, Seite 227

27. Der Springbrunnen im Garten

Wir befinden uns in einer großen Stadt und gehen eine Straße entlang.
Menschen drängen sich um uns.
Die lärmende Flut der Autos rollt an uns vorbei.
Es ist heiß, und die Luft ist stickig.
Rechts von uns öffnet sich eine Gasse.
Wir gehen in die Gasse hinein.
Wir können frei und ungehindert voranschreiten.
Der Verkehrslärm verebbt hinter uns.
Wir gehen eine hohe Mauer entlang, die sich rechts von uns erhebt.
Wir gelangen an eine schmale Tür in der Mauer.
Ob sie wohl verschlossen ist? Wir versuchen unser Glück.
Die Tür läßt sich öffnen, und wir betreten einen Garten.
Ein Kiesweg führt geradeaus zur Mitte des Gartens.
Eine hohe, grüne Hecke säumt den Kiesweg auf beiden Seiten.
Wir gehen in den Kiesweg hinein.
Die Luft ist frisch und rein.
Ringsum herrscht Stille.
Wir nähern uns der Mitte des Gartens.
Rosenbeete lösen rechts und links von uns die Hecke ab.
Die Luft ist erfüllt vom Duft der Rosen.
Überall ist das Summen von Bienen zu hören.
Wir erreichen die Mitte des Gartens, ein kreisförmiges Wasserbecken.

Wir setzen uns auf eine Bank.
Auf der Oberfläche des Wassers schwimmen weiße Wasserlilien.
Vögel hüpfen am Weg umher und picken Körner.
Plötzlich setzt ein Rauschen ein. Wir blicken auf: In der Mitte des Beckens steigt ein mächtiger Wasserstrahl empor.
Oben, hoch über uns, breitet sich die Fontäne nach allen Seiten aus und gleitet als Schleier aus glitzernden Wassertropfen wieder herab.
Im Licht der Sonne bildet sich ein Regenbogen.
Ein Windhauch weht einen feinen Schleier von Wasser in unser Gesicht.
Wir verreiben das köstliche Naß in unser ganzes Gesicht, in die Stirn, den Hals, den Nacken und die Brust.

Leben – Ich bin

oder

Reinheit – Ich bin

28. Am Fluß

Wir sitzen am Ufer eines Flusses
auf der Erde,
angelehnt an den Stamm eines Baumes,
inmitten von Büschen und Bäumen.
Auch auf dem gegenüberliegenden Ufer begleiten Büsche und Bäume den Fluß auf seinem Weg von links, aus der Vergangenheit, nach rechts, in die Zukunft.
Manche Bäume lassen ihre Zweige bis ins Wasser hinabhängen.
In der Mitte des Flusses strömt das Wasser kräftig dahin,
an unserem Ufer zieht es langsam vorbei.
Das Wasser umspült die Steine, welche das Ufer befestigen, und das Wurzelwerk, welches in den Grund des Flusses hinabreicht.
Nur das leise Rauschen des Wassers ist zu hören.
Die Luft riecht nach Wasser.
Wir spüren die angenehme Frische der wasserkühlen Luft auf unserer Haut: im Gesicht, auf Hals und Nacken, an Armen und Händen, auf der Brust, auf dem Bauch, auf dem Rücken, an den Beinen und den Füßen.
Ein Stückchen Holz schwimmt vorbei.
Es dreht sich leicht, wie es vom Wasser vorbeigetragen wird.
Ganz in der Nähe des Ufers zieht das Wasser am langsamsten dahin.
Dort ist der sandige Grund sichtbar.
Das vorbeifließende Wasser hat die Oberfläche des fein-

körnigen Sandes geglättet.
Ein kleiner Fisch schwimmt, fast regungslos, immer an der gleichen Stelle.
Ganz dicht am Ufer sitzt ein Insekt, ein langbeiniger Wasserläufer, dessen dünne Beine winzige Furchen in die Oberfläche des Wassers drücken.
Die Wasseroberfläche ist wie eine feine Haut, die das Insekt trägt.
Das Wasser ist still wie ein Spiegel.

Ruhe – Ich bin

oder

Stille – Ich bin

oder

Friede – Ich bin

29. Es regnet

Wir sind Bauern bzw. Bäuerinnen, die einen Rundgang über ihre Felder machen.
Es ist heiß.
Seit Wochen schon hat es nicht mehr geregnet.
Der Boden ist knochentrocken und hat Risse.
Die Rübenblätter hängen schlapp zu Boden.
Das Getreide müßte noch wachsen.
Die Obstbäume hinter dem Bauernhaus haben mitten im Sommer vertrocknete, zum Teil schon braune Blätter.
Auch uns macht die Hitze zu schaffen.
Das Hemd klebt uns auf dem Leib vom Gang über die Felder in der sengenden Glut.
Unser Gesicht ist bedeckt von Staub.
Wir setzen uns auf die Bank hinter unserem Haus in den kühlen Schatten und lehnen uns an die Hauswand.
Wir betrachten den Himmel: Er ist azurblau.
Über dem östlichen Horizont liegt ein feiner Schleier.
Nichts rührt sich.
Die Kühe und Pferde haben sich in den Schatten unter die Bäume gestellt und lassen die Köpfe hängen.
Der Wolkenschleier hat sich inzwischen von Osten her ausgedehnt und bedeckt nun die Hälfte des Himmels.
Unsere Kinder kommen und setzen sich zu uns auf die Bank.
Sie haben keine Lust mehr zu spielen.
Die Wolken bedecken jetzt den ganzen Himmel.
Wird es regnen?

Wir warten.
Es beginnt zu regnen, ganz leicht, in feinen Tropfen.
Die Luft wird frisch.
Das Atmen fällt uns leicht.
Überall regnet es: im Hof, im Obstgarten, auf den Feldern.
Die Regentropfen sind immer noch ganz fein, aber sie kommen sehr dicht herab.
Die Obstbäume nehmen den Regen mit all ihren Blättern auf.
Die Tiere kommen hervor und stellen sich mitten in den Regen.
Die Kinder laufen in den Hof, tanzen vergnügt umher und heben dabei die Hände in den Regen.
Wir gehen zu den Kindern,
ziehen das Hemd aus,
heben, wie sie, die Hände hinauf in den Regen,
nehmen ihn dankbar auf,
mit Haut und Haar,
auf unserem ganzen Körper.

Leben – Ich bin

30. Den Fluß hinab

Wir haben uns ein Floß gebaut und fahren den Fluß hinunter.
Wir sind Hirten und haben unsere Schafherde dabei.
Unser Floß ist so groß, daß alle Tiere darauf Platz finden.
Sie liegen dicht gedrängt beieinander.
Der Hund liegt bei unseren Füßen.
Wir sitzen am Ruder und lenken das Floß.
Das Wasser strömt langsam dahin.
Wir brauchen nicht zu rudern. Wir lassen uns von der Strömung zu unserem Ziel tragen.
An den flachen Ufern links und rechts begleiten uns Auwälder.
Wir halten unser Gefährt in der Mitte des Flusses.
Die Sonne scheint warm auf uns herab.
Das Wasser spendet uns wohltuende Kühle.
Eine leichte Brise weht uns entgegen.
Die Uferböschung links und rechts wird höher.
Das Flußbett wird enger.
Jetzt gehen die Uferhügel in steile Felswände über.
Das Flußbett wird noch enger.
Das Wasser muß hier sehr tief sein.
Die Strömung wird schnell, am schnellsten in der Mitte, wo wir mit unserem Floß dahingleiten.
Wir haben keine Mühe, Kurs zu halten, denn die Flußenge verläuft ganz gerade.
Auf eventuell auftauchende Hindernisse lenken wir die Worte «Ich bin».

Jetzt werden die felsigen Ufer niedriger und treten weiter auseinander.
Das Flußbett wird wieder breiter, die Strömung ruhiger.
Die Ufer werden flach und gewähren einen weiten Ausblick in das neue Land hinein: Wir sehen Wiesen, Felder und Bäume; da sind Straßen und Dörfer mit Kirchen in ihrer Mitte.
Vor uns, wo der Fluß nach links abbiegt, erhebt sich eine Stadt auf einem Berg.
Vom rechten Ufer des Flusses führen Treppen hinauf zur Stadt.
Sie ist umgeben von einer starken Mauer,
sie ist reich an schönen Häusern und prächtigen Palästen
und wird überragt von einem hohen Turm in der Mitte.
Wir halten aufs rechte Ufer zu.
Dort ist die Schiffslände, wo man uns erwartet.
Wir setzen das Geschehen selbständig fort und atmen dabei.

Ich – bin

31. In der Heide

Wir sind schon lange Zeit durch die Heide gewandert.
Wir erreichen einen Hügel, von dem aus wir einen guten Ausblick über das umliegende Land haben.
Der Hang senkt sich bis zu einem moorigen Grund.
Jenseits steigt das Gelände wieder an bis zu einem Kiefernwald, der den Horizont wie ein Band umschließt.
Darüber segeln die Wolken im Sonnenschein.
Alles Land ist bedeckt von rötlichem Heidekraut, die Hügel und die Mulden.
Vielerorts stehen dunkelgrüne Büsche, Wacholderbüsche.
Manche sind kugelig, andere sehen aus wie schlanke Säulen.
Die meisten Wacholderbüsche stehen allein wie Soldaten auf der Wacht.
Zwei säulenförmige Büsche stehen eng aneinandergeschmiegt wie ein Liebespaar.
Wir setzen uns auf die Erde, um zu rasten.
Wir sitzen inmitten eines Meeres von Heidekraut.
Die Erde ist warm, von der Sonne durchwärmt.
Alles ist still, nur ein Summen ist in der Luft über uns: Eilige Bienen fliegen über uns dahin, die einen nach vorne, die anderen nach hinten.
Wir wenden den Kopf und blicken zurück. Nicht weit hinter uns steht ein Bienenhaus.
Wir betrachten das Heidekraut vor uns, zu unseren Füßen: Es hat unzählige kleine Blüten an seinen Stengeln,

die es wie zarte Finger nach oben streckt.
Darunter leuchtet es grün.
Wir legen uns zurück und lassen den Kopf auf der Erde ruhen, auch den Rumpf und die Arme.
Wir blinzeln nach oben. Die Heidekrautfinger wiegen sich leicht im Wind.
Der Wind fächelt auch unser Gesicht.
Wir spüren den warmen Erdboden unter uns – unter dem Hinterkopf, dem Nacken, dem Rücken, den Armen, den Händen, dem Gesäß, den Beinen und den Füßen.
Wir spüren keinen Unterschied mehr zwischen uns und der Erde.

Himmel (beim Einatmen) – und Erde (beim Ausatmen)

Ich (beim Einatmen) – bin (beim Ausatmen)

32. Die Kinder am Meeresstrand

Wir sind an die See gefahren.
Das Wetter ist sommerlich warm.
Wir baden im Meer.
Die Kühle des Wassers durchdringt unseren ganzen Körper.
Wir kehren zum Strand zurück.
Wir legen uns mit dem Rücken in den Sand und lassen uns von der Sonne trocknen.
Wir spüren, wie der Sonnenschein warm auf unserem Körper liegt.
Die Sonne durchwärmt mehr und mehr unseren ganzen Körper.
Wir schließen die Augen.
Der Sand, auf dem wir liegen, ist fein und weich.
Der warme Sonnenschein ist tief in den Sand eingedrungen.
Jetzt steigt die Sonnenwärme aus dem Sand zurück in unseren Körper, in den Hinterkopf, in den Nacken, in den Rücken, das Gesäß, die Beine und die Füße.
Wir versuchen zu spüren, wie uns die Wärme von hinten und unten immer mehr erfüllt.
Wir hören, wie die Wellen sachte ans Ufer platschen.
Wir riechen die salzige Meeresluft.
Nichts geschieht.
Die Zeit hat keine Eile.
Wir hören die Stimmen von kleinen Kindern, die in unserer Nähe im Sand spielen.

Die Kinder werden still.
Jetzt spüren wir sie ganz nahe bei uns.
Wir hören nur ihren Atem.
Da sagt eines von ihnen: «Der da bzw. die da ist tot.»
Ein anderes Kind sagt: «Wir müssen ihn bzw. sie begraben.»
Wir halten uns ganz still und lassen alles mit uns geschehen.
Die Kinder fangen an, uns mit Sand zu bedecken. Sie beginnen bei den Füßen und Beinen; dann kommen der Rumpf und der Hals dran.
Nur das Gesicht lassen sie frei.
Eines von den Kindern sagt: «Wir müssen noch Blumen auf sein bzw. ihr Grab tun.»
Die Kinder stecken etwas in den Sand über unseren Körper. Wir blinzeln und sehen, daß es Muscheln sind.
Die Kinder gehen weg. Wir hören sie nicht mehr.
Die Zeit verstreicht langsam.
Jetzt spüren wir ein Kind ganz nahe vor unserem Gesicht.
Das Kind sagt: «Du da, bist du wirklich tot?»
Es gießt ein Eimerchen voll Wasser über unser Gesicht und sagt: «Sei wieder lebendig.»

Liebe bzw. Leben – Ich bin

33. Der Wind

Wir sitzen auf einer Bank vor unserem Haus
und halten den Rücken an die Hauswand gelehnt.
Auf beiden Seiten neben uns stehen Blumen entlang der Mauer des Hauses.
Das ganze Haus ist umgeben von hohen, alten Bäumen.
Die Bäume haben so breite Kronen, daß sie miteinander ein einziges Dach aus grünem Astwerk bilden.
Unser Haus und wir sind geborgen inmitten eines Hains aus großen, alten Bäumen.
In den Bäumen rauscht der Wind.
Der Wind kommt von der See her, die hinter uns liegt.
Wir sitzen auf der windabgewandten Seite, wo es windstill ist.
Aber wir spüren die große Kraft des Windes durch das starke Rauschen in den Bäumen.
Der starke Wind weht über das ganze Land.
Das Land hinter uns ist flach und liegt offen vor dem Wind, der darüber weht.
Aber in den Bäumen, unter denen wir sitzen, fängt sich der Wind und läßt die Äste und Blätter rauschen.
Weit hinter uns steht der Deich, der das Meer begrenzt.
Hinter dem Deich öffnet sich weit das Meer.
Das Meer liegt unter dem Wind.
Der Wind formt im Meer die Wellen.
Die Wellen verebben am Strand, wobei sie weiße Schaumkronen bilden.
Aber der Wind weht ins Land herein.

Die Kraft des Windes wird eingefangen von der Kraft der Bäume in ihren Kronen.
Der Wind weht weiter ins Land hinein, das vor uns liegt bis zu den Bergen.
Der Wald, der die Berge bedeckt, empfängt den Wind.
Die Bäume des Waldes sind in die Kraft des Windes gestellt.
Weil der Wind oft weht, haben die Bäume starke Wurzeln in den Boden gegraben.
Ihre Äste sind biegsam, und die Blätter legen sich in den Wind.
Der Wald auf den Bergen vor uns nimmt die Kraft des Windes auf.
Durch den Wind werden die Bäume stark.
Im Wind ist Kraft und Leben.
Jetzt stehen wir auf von unserer Bank, wenden uns nach rechts und gehen die Hauswand entlang von der Vorderseite unseres Hauses zur Rückseite.
Wir stellen uns in den Wind, den die Bäume für uns durchlassen.
Wir breiten die Arme aus und heben sie in den Wind.
Der Wind weht in unser Gesicht und unsere Haare.
Der Wind berührt unseren Hals und unseren Nacken.
Der Wind fängt sich in unseren Händen, tritt in die Hemdsärmel ein, läuft die Arme entlang und streicht über unsere Schultern.
Der Wind läuft unter unserer Kleidung die Haut entlang über den Bauch und den Rücken und weiter über die Oberschenkel und die Unterschenkel bis zu den Füßen.

Geist – Ich bin

34. Ein Schiff kommt übers Meer

Wir sitzen am Meeresstrand.
Wir spüren den weichen, warmen Sand unter unseren Beinen und unter unserem Gesäß.
Vor uns liegt die weite Fläche des Meeres.
Darüber wölbt sich der wolkenlose, blaue Himmel.
Die Sonne scheint und wärmt unseren ganzen Körper.
Ein leichter Windhauch kühlt unseren Kopf.
Vor unseren Augen scheint das Meer sich draußen auf breiter Front zu heben.
Eine Welle läuft auf den Strand zu, auf uns zu.
Die Welle ist dem Ufer nahe, beginnt zu schäumen und zu rauschen.
Die Welle spült sacht auf den Strand herauf und benetzt unsere Füße.
Wir erspüren die belebende Frische des Wassers an unseren Füßen.
Das Wasser fließt zurück ins Meer.
Wieder hebt sich draußen das Meer, und eine neue Welle nähert sich uns.
Wenn das Wasser unsere Füße umspült, atmen wir ein; wenn das Wasser zurückweicht, atmen wir aus und warten.
Wir atmen jetzt eine Zeitlang im Rhythmus der Wellen.
Wir stehen auf und gehen den Strand entlang. Dabei ist links das Meer, rechts das Land.
Vor uns steht ein hölzerner Landungssteg.
Wir gehen zum Steg.

Wir steigen eine Treppe hinauf,
kommen oben an.
Der Strand mit der Brandung liegt unter uns.
Wir können weit auf das Meer hinausblicken.
Wir gehen den Landungssteg hinaus.
Ein frischer Wind weht vom Meer herein.
Wir fühlen die Frische des Windes am ganzen Körper.
Die Luft riecht nach Meer.
Auf den Lippen haben wir einen salzigen Geschmack.
Der Strand liegt nun ein gutes Stück hinter uns.
Wir gehen weiter.
Wir erreichen das Ende der Pier.
Wir sind ganz vom Meer umgeben.
Die Wellen rollen mächtig heran wie in tiefen, langen Atemzügen.
Der Wind, der vom Meer kommt, ist stark.
Wir stehen fest und frei.
Wir messen mit unserem ganzen Körper die Kraft des Windes.
Weit draußen am Horizont erscheint im Dunst ein weißer Punkt.
Der weiße Punkt wird langsam größer.
Was mag es sein?
Ist es ein Schiff?
Kommt es auf uns zu?
Wir warten und schauen.
Möwen umkreisen uns.
Die weißen Vögel lassen sich vom Wind in die Höhe tragen, dann schießen sie wieder aufs Meer hinunter.
Der weiße Punkt ist jetzt so groß geworden, daß wir Einzelheiten erkennen können: Es ist ein Segelschiff.
Wir können deutlich die verschiedenen Segel erkennen.

Das Schiff hält Kurs auf uns.
Immer mehr Möwen umkreisen uns.
Wir hören ihre Schreie im Wind.
Die Möwen wissen offenbar, daß das Schiff hier anlegen wird.
Das Schiff ist nahe herangekommen.
Seine weißen Segel blähen sich im Wind.
Der Bug des Schiffs ist genau auf uns gerichtet.
Das Schiff legt am Bootssteg an.
Die Brücke wird zum Steg heruntergelassen.
Ein alter Freund erscheint, schreitet die Brücke herunter und kommt auf uns zu.
Er lächelt vor Freude, uns wiederzusehen.
Er begrüßt uns und überreicht uns ein kostbares Geschenk.
Wie sieht er aus?
Wer ist es?
Was bringt er uns?

Liebe – Ich bin

35. Im Schloß

Es ist ein heißer Sommertag.
Wir sind in der Mittagshitze auf einer staubigen Landstraße unterwegs.
Die Straße ist hart, und unsere Füße schmerzen.
Wir haben Hunger und Durst.
Nach rechts zweigt eine Allee ab.
Auf beiden Seiten des Weges steht eine lange Reihe von hohen, alten Bäumen.
Ihre Baumkronen treffen sich in der Mitte des Weges und bilden so ein Gewölbe aus grünen Zweigen, das den Säulengang überdacht, den die Baumstämme bilden.
Wir sehen einen Wegweiser, der in die Allee hineingerichtet ist.
Darauf steht: «Zum Schloß».
Wir betreten die Allee.
Erfrischende Kühle umfängt uns.
In der Luft liegt ein Hauch, der von dem Gewölbe aus grünen Blättern kommt.
Wir gehen weiter.
Der Boden unter unseren Füßen federt leicht, wenn wir auftreten.
Die Alleebäume scheinen uns zu begleiten mit ihrer lebendigen Stille.
Wir kommen an ein Tor aus Schmiedeeisen.
Wir schauen hindurch in den Schloßpark.
Die Bäume, welche einzeln auf dem gepflegten Rasen stehen, sind noch höher, ihre Kronen noch weiter und ihre

Stämme noch mächtiger.
Wir wollen gerade umkehren, als sich das Tor von alleine öffnet. Wir treten ein.
Der Weg führt direkt zu dem reich verzierten Portal des Schlosses. Wir gehen dorthin.
Als wir die Stufen erreichen, öffnet sich auch diese Tür von selbst. Wir gehen in das Schloß hinein.
Wir erblicken einen Diener und eine Dienerin, die uns zu erwarten scheinen.
Die bedeuten uns, daß wir uns auf einen bereitgestellten Stuhl setzen sollen.
Wir tun, was man uns sagt.
Sie nehmen eine Schüssel Wasser und ein Handtuch und waschen zuerst unsere Hände, dann unsere Füße und trocknen sie ab.
Sie öffnen uns eine Tür.
Wir betreten einen Saal.
In der Mitte des Saals steht ein gedeckter Tisch, voller Speisen und Getränke.
Dort stehen ein Herr und eine Dame, offenbar die Besitzer des Schlosses.
Sie begrüßen uns freundlich mit unserem Vornamen und laden uns zum Essen ein.
Wir nehmen Platz, essen und trinken.
Die Gastgeber schweigen.
Also schweigen auch wir während des Essens.
Dann wollen wir aber eine Erklärung haben für das ungewöhnliche Geschehen.
Wir beginnen zu fragen und warten auf Antwort.

Liebe bzw. Leben – Ich bin

36. Die Kapelle zwischen Kornfeld und Weinberg

Wir gehen einen Feldweg entlang.
Auf unserer rechten Seite liegt ein Weinberg.
Die Weintrauben leuchten goldgelb aus dem dichten Weinlaub hervor.
Vögel schlüpfen durch die Weinranken und zwitschern dabei.
Die Vögel haben im Weinberg ihre Nester gebaut.
Eine leichte Brise weht uns den herben Geruch der Weinstöcke zu.
Links neben uns erstreckt sich ein großes Feld mit reifem Getreide.
Wir sehen, wie der sanfte Wind durch das Korn geht und die goldgelben Ähren streift.
Rote Mohnblumen und blaue Kornblumen stehen am Feldrain.
Wir gehen voran zwischen Kornfeld und Weinberg.
Unser Weg führt auf eine weißgetünchte Kapelle zu, die einen kleinen Glockenturm hat.
Vor der Kapelle teilt sich der Weg,
links geht's ins Kornfeld hinein,
rechts in den Weinberg hinauf.
Wir halten uns in der Mitte und betreten die Kapelle.
Das Innere der Kapelle ist weiß.
Die Mauern bilden ein Achteck und wölben sich zu einer runden Kuppel.
Durch die runden Fensteröffnungen fällt der Sonnenschein herein und spielt auf den weißen Wänden.
Goldstaub steigt in den Lichtschäften auf und nieder, die durch die Fenster eintreten.

Wo sich die Lichtschäfte kreuzen, in der Mitte des Raumes, steht ein runder Altarstein.
Den Altar bedeckt ein weißes Tuch.
Darauf steht ein Silberteller mit Weißbrot und ein goldener Kelch mit Wein.
In der Mitte steht ein goldenes Kreuz.
Wir wissen, daß wir von dem Brot essen und von dem Wein trinken dürfen.
Wir essen ein Stück von dem Brot und trinken von dem Wein.
Wir setzen uns auf die Bank vor dem Altar und lassen die Zeit vorüberziehen.
Stille hüllt uns ein.

Leben – Ich bin

Neben uns hängt das Glockenseil.
Wir könnten die Glocke läuten, damit auch andere den Weg hierher finden und von dem Brot essen und von dem Wein trinken.

37. Sternschnuppen

Es ist Abend.
Wir befinden uns auf einem Weinberg.
Wir sitzen mit unseren Freunden um einen Tisch, der inmitten einer Wiese steht.
Wir trinken Wein und essen Weißbrot dazu.
Die Rebstöcke umschließen die Wiese wie eine Hecke.
Wir blicken hinaus auf das weite Land.
Lauter Weinberge umgeben uns.
Die Weinberge steigen herauf aus der Ebene.
Die Weinberge sind wie Wellen, die zur Ruhe gekommen sind.
Weit draußen in der Ebene fließt der große Strom hinter dem hohen Uferwald.
Die Geräusche des Tages sind verklungen.
Die Grillen zirpen.
Es ist Nacht geworden, eine warme Sommernacht.
Nach und nach kommen die Sterne heraus.
Wir schauen auf zu den Sternen.
Wir suchen die Sternbilder, die wir kennen.
Ein Sternbild heißt «Der Wagen». Wir erkennen den viereckigen Wagen und die Deichsel.
Einer unserer Freunde zeigt uns das Sternbild des Löwen.
Ein anderer Freund sieht, wie die Sterne die lichte Gestalt eines Mannes mit einem Schwert bilden.
Plötzlich leuchtet ein heller Punkt auf.
Das Licht wird größer und kommt näher.
Ein Lichtstrahl zieht über den Himmel.

Das Licht kommt von einer Sternschnuppe, die jetzt verglüht.
Wir warten, ob noch eine Sternschnuppe kommt.
Alles ist still.
Manche Sterne leuchten ruhig,
andere blinken, einmal gelb, einmal rot.
Wollen die Sterne uns eine Nachricht schicken?
Jetzt zieht wieder eine Sternschnuppe in leuchtender Bahn über den Himmel. Gleich darauf noch eine.
Heute muß ein besonderer Tag sein.
Wir lassen nun in der Vorstellung so viele Sternschnuppen herniederkommen, wie wir wollen.

Licht – Ich bin

Besonderer 2. Teil, Seite 227

38. Weiße Blumen im Hochgebirge

Wir sind im Hochgebirge.
Vor uns öffnet sich ein weiter Blick.
Grüne Matten liegen vor uns in der wärmenden Morgensonne.
Rechts von uns ist das Gelände eben,
nach links schwingt es in weiten Bögen ins Tal.
Jenseits der Matten, die vor uns liegen, türmt sich eine gewaltige Felswand auf.
Die frühe Morgensonne überströmt den Fels.
Die Sonne lichtet die Schatten auf zu einem tiefen Blau.
An den breiten senkrechten Felsrippen schimmert das Gestein hell.
Über der Wand und bis weit dahinter breitet sich ein Gebirgsstock aus.
Einzelne Spitzen ragen heraus.
Schneefelder, die in der Sonne gleißen, führen sanft zu den Gipfeln hinauf.
Rechts im Hintergrund fallen die Steinwände schroff ab, kaum sichtbar, nur erkennbar als das verfließende Blau der Ferne.
Darüber das Blau des Himmels, noch zarter, noch seidiger, noch ferner.
Unser Blick kehrt zurück zu den grünen Matten.
Unmittelbar vor uns steht ein Büschel weißer Blumen.
Wir schauen uns eine von ihnen genauer an: Sechs schneeweiße Blütenblätter streckt sie wie Flügel in alle Richtungen.

In der Mitte des Blütenkelchs, halb verborgen, das Grün des Stempels, darüber auf allen Seiten zahllose Staubgefäße, goldgelb, lichtdurchflutet.
Die Blume streckt ihren Kopf nach links der Sonne entgegen,
als wollte sie das frühe Morgenlicht trinken,
als wollte sie sich in der ersten Wärme baden.
Sie schaukelt leicht in der frischen Brise, die über die Bergmatten streicht.
Sie läßt sich schaukeln, der Tanz im leichten Wind gefällt ihr.
Die Richtung zur Sonne hält sie immer ein.
Der Wind trägt einen Ton zu uns, das Läuten einer Kirchenglocke, von weither aus dem Tal.
Der Wind kommt, das Läuten wird deutlich, klingt hell.
Der Wind legt sich, die Glocke ist fern, wir lauschen.
Der Wind lebt auf, der Glockenklang schwingt zu uns, klar und freudig.
Wir sehen vor uns auf der Bergwiese immer mehr weiße Blumen, die sich der Sonne entgegenstrecken und im Sonnenwind tanzen.

Freude – Ich bin

39. Liebespaar im Mondschein

Wir machen einen Abendspaziergang.
Links von uns liegt ein See, auf unserer rechten Seite liegen Felder.
Wir können weit über die abgeernteten und gepflügten Felder blicken.
Der Wind, der tagsüber geweht hat, ist abgeflaut,
und der See liegt ruhig da.
Es beginnt schon zu dämmern.
Da geht über dem See der Mond auf, sehr groß, in leuchtendem Orange.
Langsam steigt die makellose, vollkommen runde Scheibe des vollen Mondes höher,
bis sie hoch über dem Horizont steht.
Lebendige Stille kommt vom Mond her auf die Erde.
Wie der Mond noch höher steigt, wandert er nach rechts über den Horizont.
Dabei wandelt sich seine Färbung mehr und mehr in ein helles Gelb wie das feiner Butter.
Da erscheint sein Spiegelbild im See in völliger Klarheit.
In der Ferne läutet eine Abendglocke.
Ein junges Paar kommt uns entgegen, offenbar ein Liebespaar.
Die beiden gehen eng aneinandergeschmiegt.
Der Mann hat seinen Arm um die Hüfte der jungen Frau gelegt.
Sie bleiben stehen und schauen den Mond an.
Da küßt der Mann die Frau, die er liebt.

Unsere Gegenwart scheint sie nicht zu stören. Es hat ganz den Anschein, als wollten sie einen Zeugen haben für ihre Liebe.
So begegnen wir ihnen als Zeugen ihrer Liebe.

Liebe – Ich bin

Besonderer 2. Teil, Seite 227

40. Feierabend

Wir sind in den Herbstferien aufs Land gefahren und haben in einem alleinstehenden Haus in schöner Natur ein Zimmer bezogen.
Wir sitzen jetzt am offenen Fenster und schauen hinaus.
Ein sonniger Herbsttag geht zu Ende.
Am Zaun des Vorgartens lehnen Dahlien und Astern, jene vielfarbigen Herbstblumen.
Sie sind nach Westen geneigt, als wollten sie der Sonne nachschauen, die sich schon über den Horizont senkt.
Draußen auf der abgeweideten Wiese haben die Herbstzeitlosen schon ihre schmalen, schlanken Blütenkelche geschlossen.
Drunten am Bach schneidet der Bauer das hohe Schilf.
Der Wald, der jenseits des Tales den Bergrücken hinaufsteigt, hat sein Herbstkleid angezogen:
Mitten im dunklen Grün der Fichten leuchten die Laubbäume golden und rot.
Am Himmel zieht ein großer Vogel mit bedächtigen Flügelschlägen seine Bahn; wohl ein Reiher, der zu seinem Schlafbaum fliegt.
Das Blau des Himmels ist im Verblassen.
Die ersten Nebelstreifen steigen vom Wasser auf und legen einen dünnen Schleier vor den Himmel.
Die Sonne berührt schon den Horizont und läßt ihr letztes Licht in abendlichem Violett auf die fernen Berggipfel vor ihr fließen.
Wie schnell die Sonne doch versinkt!

Nur noch ein müder Glanz erinnert an ihr Dasein.
Anderen Menschen in fernen Ländern erleuchtet sie jetzt den Tag.
Wir schließen das Fenster und bereiten uns auf die Nacht vor.
Dann gehen wir ins Bett und legen uns auf den Rücken.
Alle Anstrengung des Tages ist nun vorbei.
Die Wärme der Zudecke und des Unterbetts hüllt uns ein.
Das Bettgestell trägt uns; und wir lassen uns tragen.
Das Bett steht auf dem Fußboden, also trägt uns auch der Fußboden; und wir lassen uns tragen.
Der Fußboden ist in die Mauern des Hauses eingelassen; auch die Mauern des Hauses tragen uns; und wir lassen uns tragen.
Das Haus ruht mit seinen Grundmauern in der Erde; auch die Erde trägt uns; und wir lassen uns tragen.
Die Sonne befindet sich jetzt auf der anderen Seite der Erde, also unter uns.
Nun können die Himmelskörper auch als Energiezentren betrachtet werden. Also trägt die Kraft der Sonne von unten her die Erde und auch uns; und wir lassen uns tragen.
Tief unter der Sonne liegt weit ausgebreitet ein Meer von Sternen; auch die Sterne unter uns tragen uns; und wir lassen uns tragen.
Wir wiederholen den folgenden Satz in kürzeren oder längeren Abständen: Ich lasse mich tragen.

Ruhe – Ich bin

oder

Sterne – Ich bin

Der letzte Teil dieser Imagination, vom Augenblick des Zubettgehens an, eignet sich auch dazu, im Bett vor dem Einschlafen ausgeführt zu werden.

41. Einkehr in der Herberge

Wir haben den Gipfel eines Berges bestiegen und bereits den Rückweg angetreten.
Wir kommen nur langsam voran, denn das Gelände ist schwierig.
Es beginnt schon zu dämmern.
Wir richten unsere ganze Aufmerksamkeit auf unseren Weg.
Das Gelände wird flacher; wir kommen zügig voran.
Jetzt fällt Nebel ein.
Wir können nicht weit sehen.
Wir finden einen Waldweg, der ganz so aussieht wie derjenige, welchen wir beim Aufstieg gegangen sind.
Wir schreiten voll Zuversicht voran.
Es wird dunkel und kühl.
Deutlich erkennen wir nur noch die Wipfel der Bäume vor der letzten Helligkeit am westlichen Horizont.
Der Weg wird noch flacher.
Das Gehen fällt nicht mehr schwer.
Rechts weicht der Hochwald einer Schonung mit niederem Bewuchs.
Dann folgt eine Wiese.
Über die Wiese kommt ein Mann auf uns zu, offensichtlich ein Bauer, der vom Feld heimkehrt.
Wir warten auf ihn und fragen ihn, ob dies der Weg zu unserem Ausgangspunkt sei.
Er verneint, fügt aber hinzu, daß unser Weg uns zu einer Herberge führe. Er wolle uns gerne dorthin begleiten.

Wir lassen den Bauern vorausgehen und uns den Weg weisen.
Inzwischen ist es ganz dunkel geworden und empfindlich kalt.
Nicht weit vor uns erkennen wir einen Schimmer.
Wie wir näher kommen, sehen wir, daß es das Licht aus den Fenstern eines Hauses ist.
Es sei die Herberge, sagt unser Führer.
Er geht zur Tür, klopft an und ruft den Namen des Herbergsvaters.
Der Wirt öffnet die Tür und fordert uns freundlich auf einzutreten.
Wir bedanken uns bei unserem Führer, der weiter seinen Weg geht, und folgen dem Herbergsvater in die Gaststube.
Wir setzen uns an einen Tisch und ruhen uns aus vom langen Weg.
Die Wärme des Hauses hüllt uns ein.
Die Herbergsmutter bringt uns zu essen und zu trinken.

Geborgen – Ich bin

42. Nachtlager

Wir gehören zu einer Familie von Nomaden, die mit ihrer Herde durch die Steppe ziehen.
Es beginnt zu dämmern.
Ganz von alleine verlangsamen die Tiere ihren Schritt, bleiben schließlich stehen und rupfen noch etwas dürres Steppengras, bevor es Nacht wird.
Wir wollen jetzt das Lager für die Nacht aufschlagen: Wir nehmen einen Spaten und graben ein tiefes Loch in den Boden.
Dann holen wir die große Zeltstange.
An ihrer Spitze befestigen wir die große Zeltplane.
Nun kommen unsere Brüder, packen die Zeltstange, stecken ihr unteres Ende in das Loch und richten sie auf.
Darauf drücken sie Steine zwischen die Stange und den Rand des Loches und geben ihr so einen festen Halt.
Wir befestigen mit Haken das untere Ende der Plane in der Erde, so daß sie dort einen Kreis bildet.
Inzwischen haben unsere Schwestern ein Feuer angezündet und den Kessel mit dem Abendessen darüber gehängt.
Wir setzen uns zum Essen um das Feuer auf den Boden.
Wir lassen uns vom Feuer wärmen; denn es ist kalt geworden.
Wir sitzen mit unseren Schwestern und Brüdern in einem Kreis um das Feuer.
Wir essen und trinken miteinander.
Die Dämmerung ist weit fortgeschritten; bald wird es

Nacht sein.
Wir stehen auf und rufen unsere Tiere.
Sie kommen, eines nach dem anderen, und gehen in das große Zelt.
Die Nacht bricht herein.
Wir setzen uns wieder ans Feuer und singen mit unseren Geschwistern ein Abendlied.
Dann stehen wir auf und gehen gemeinsam ins Zelt, schließen den Eingang und legen uns zu unseren Tieren.
Wir schauen nach oben durch die Luke an der höchsten Stelle im Zeltdach. Dort leuchtet am Himmel ein Stern.
Beim Einatmen lassen wir das Wort «Ich» vom Stern in unsere Stirn, in die Mitte zwischen unseren Augen, herabgleiten. Beim Ausatmen schicken wir von dort das Wort «bin» zurück zum Stern.

Der letzte Teil dieser Imagination kann auch im Bett vor dem Einschlafen ausgeführt werden.

43. Bergbesteigung mit Ausblicken

Wir wandern einen Waldweg entlang.
Rechts ist der Berg, und links ist das Tal.
Unser Weg steigt leicht an.
Vor uns steht ein Wegweiser aus Holz mit dem Pfeil nach links, also zum Tal hin.
Darauf steht: «Zum Ausblick».
Wir folgen der Richtung, in die das Schild weist.
Ein schmaler Fußweg führt uns auf eine Felskanzel.
Vor uns liegt das Tal,
liegen die Wiesen mit dem weidenden Vieh,
da ist die Straße,
das Dorf,
und dahinter stehen die Berge.
Wald bedeckt die Berge bis oben.
Die Morgensonne liegt auf Tal und Bergen.
Alles ist klar und frisch.
Wir gehen zum Waldweg zurück.
Wir setzen unseren Aufstieg fort.
Wir gehen unter hohen, starken Bäumen.
Das Sonnenlicht fächert durch das Geäst.
Unser Weg ist steinig.
Unser Weg wird steiler.
Die Sonne scheint auf unseren Weg.
Links vor uns, an einer freien Stelle, steht eine Bank.
Dort muß man einen guten Ausblick haben.
Wir biegen ab zur Bank und setzen uns.
Wir können weit hinausblicken.

Das Tal ist verschwunden. Uns gegenüber liegen die grünen Waldberge.
Dahinter, halb im Dunst des Mittags verhüllt, erstreckt sich eine lange Kette hoher, blauer Berge.
Wir rasten und schauen.
Wir kehren zu unserem Weg zurück und gehen weiter.
Unser Weg biegt nach rechts ab.
Unser Weg wird noch steiler.
Wir gehen auf nacktem Fels.
Wir setzen jeden Schritt sorgfältig.
Wir verlassen die Waldzone.
Wir steigen durch eine Felslandschaft.
Wir sehen schon den Gipfel und darunter die Berghütte.
Oben stehen Leute und winken uns zu.
Wir kommen an der Hütte an.
Die Leute begrüßen uns freundlich.
Wir setzen uns auf die Bank vor der Hauswand.
Wir blicken zurück.
Tief unten liegen die Waldberge,
dahinter die blauen Berge.
Hinter ihnen, ganz in der Ferne, kaum sichtbar vor dem Horizont, erhebt sich noch eine hohe Bergkette.
Einzelne Schneegipfel schimmern in der Abendsonne.

Friede – Ich bin

44. Herbstspaziergang am See

Vor uns liegt ein See.
Das Kiesufer senkt sich leicht zum Wasser hin.
Wir gehen zum Wasser. Der Kies knirscht unter unseren Füßen.
Kleine Wellen platschen an das Ufer.
Das Wasser ist durchsichtig, sauber.
Ein paar Meter vor uns sehen wir Enten, die friedlich auf den Wellen reiten.
Weiter draußen schwimmen Schwäne, manche allein, andere in Gruppen, wie weiße Segelschiffe.
Noch weiter draußen liegt ein Kahn vor Anker. Ein Angler sitzt regungslos darin.
In der Ferne ist der See in lebendiger Bewegung: Einzelne Windböen kräuseln seine Oberfläche.
Dort bildet er lange Bänder und weite Felder, auf denen ein stilles Leuchten liegt wie von Silber.
Am Horizont das andere Ufer: Die langgestreckten Höhenrücken verschwimmen im Wasserdunst.
Wir wenden uns nach rechts und gehen das Ufer entlang.
Der See begleitet uns zur Linken.
An unserer rechten Seite, am diesseitigen Ufer, stehen hohe, alte Bäume.
Die gewaltigen Äste ragen wie unzählige Finger in den Himmel.
Dort oben geht der Wind.
Die wenigen Blätter flattern stramm wie Fahnen.
Wir gehen weiter.

Wind bläst uns entgegen.
Er treibt raschelndes Laub vor sich her.
Der Wind wird stärker.
Er fließt kühl über die Stirn, durch die Haare, übers Gesicht; erfrischende Kühle.
Unser Körper ist warm; denn wir sind warm angezogen.
Die Kraft der fließenden Luft tut uns gut.
Wir gehen in den Wind hinein.
Wir spüren seine sanfte Kraft am ganzen Körper.
Von links, vom Wasser her, kommt der helle Schrei einer Möwe.
Der große, weiße Vogel begleitet uns.
Er kämpft sich vorwärts durch den Wind.
Er taucht hinunter, er steigt wieder auf.
Er liebt das Spiel der Kräfte im Wind.
Wir kommen an die äußerste Spitze des Landes.
Rechts weicht das Land zurück, und der See liegt ausgebreitet vor uns.
Wir setzen uns auf eine Bank.
Wir lassen uns vom Wind sanft auf die Bank und an die Lehne drücken.
Wir lassen uns von hinten, von der Lehne, stützen, halten.
Der weiße Vogel hat sich links von uns auf einem Pfosten niedergelassen.
Vor uns Wolken und Wasser, bleigrau und silbern.
Weiter draußen im See, hinter einer Wolke, bricht die Sonne durch.
In breiten Schäften ergießt sich das Licht auf den See.
Dort funkelt und glitzert das Wasser wie flüssiges Gold.
Die Lichtwand kommt auf uns zu, kommt immer näher.
Jetzt erreicht uns die Sonne.

Wir sitzen in strahlendem Sonnenschein.
Wir spüren die Sonnenwärme am ganzen Körper.
Das weiße Gefieder des Vogels leuchtet wie Schnee.

Licht – Ich bin

oder

Sonne – Ich bin

45. Der Sturm

Wir befinden uns in der Steppe.
Wir sind Hirten.
In der Nähe weiden unsere Schafe.
Da sind weiße und schwarze, alte und junge.
Einige von den jungen springen vergnügt umher.
Ein neugeborenes auf wackeligen Beinen saugt bei seiner Mutter.
Alles ist friedlich.
Unser Hund hat nichts zu tun, liegt faul vor unseren Füßen und läßt sich die Sonne aufs Fell scheinen.
Auf einmal huschen Schatten über die Steppe.
Wir schauen uns um. Am Horizont steht eine dunkle Wolkenwand.
Sie kommt schnell näher.
Windböen peitschen über das Land, kämmen die Grasbüschel nieder und treiben uns Sand in die Augen. Ein Sturm zieht herauf.
Wir rufen unserem Hund zu: «Lauf!» Er springt auf, läuft zu den am weitesten entfernten Schafen und treibt sie zu uns.
Dann beginnt er die Herde im Uhrzeigersinn zu umkreisen.
Die Schafe laufen auf uns zu.
Wir wenden uns wieder um und setzen uns in Bewegung, dem Sturm entgegen.
Unsere Schafe drängen hinter uns nach.
Wir suchen einen sicheren Ort.

Vor uns liegt ein Berg. Das Gelände steigt leicht an.
Wir erreichen den Fuß des Berges.
Ein schmaler Pfad führt nach links die Seite des Berges hinauf. Wir folgen dem Pfad.
Unser Pfad beschreibt eine Rechtskurve halb um den Berg herum bis auf halbe Höhe zum Gipfel.
Dort öffnet sich eine Höhle.
Wir gehen mit unserer Herde hinein.
Draußen heult der Sturm,
doch hier ist es windstill.
Die Höhle ist wie ein runder Saal.
In der Mitte verbindet eine mächtige Säule aus Urgestein den Boden mit der Decke.
Unser Hund treibt gerade noch einen alten Bock herein.
Jetzt sind alle Schafe da.
Wir gehen zur Säule in der Mitte, setzen uns auf den Boden und lehnen uns an.
Wir spüren den Felsen hinter unserem Rücken.
Unser Hund legt sich auf unsere Füße.
Unsere Schafe drängen sich an uns heran.
Wir spüren den Körper des nächsten Schafes an Bauch und Brust.
Die Tiere werden zusehends ruhiger.
Immer mehr Schafe lagern sich auf dem Boden.
Jetzt hat sich die ganze Herde hingelegt.
Die Schafe beginnen wiederzukäuen.

Geborgen – Ich bin

Besonderer 2. Teil, Seite 227

46. Einkehr ins Haus

Wir gehen einen Feldweg entlang.
Ringsum breiten sich Felder aus.
Links von uns liegt ein Acker in großen Schollen da.
Rechts von uns steht noch der Mais, trocken und braun.
Vor uns erhebt sich eine starke Eiche.
Ihre Äste und Zweige sind kahl.
Wir gehen an ihr vorbei.
Der Blick nach vorne ist frei: Wiesen und Felder folgen aufeinander bis in die Ferne.
Dazwischen ducken sich Büsche und Hecken.
Alles ist still.
Den Himmel bedeckt ein Wolkenschleier.
Vorne am Weg steht ein kleines Holzhaus.
Wir gehen darauf zu.
Rauch steigt aus seinem Kamin.
Jetzt stehen wir davor.
An der Tür hängt ein großes Namensschild. Darauf stehen unser Vorname und Familienname.
Wir dürfen also hineingehen, und das tun wir jetzt.
Das Innere besteht nur aus einem großen Raum.
Auf allen Seiten sind Fenster.
In der Mitte steht ein Kachelofen.
Um ihn herum läuft eine Bank.
Neben dem Ofen steht ein Tisch; darauf eine Kerze.
In der Stube herrscht Dämmerung.
Wir gehen zum Tisch und zünden die Kerze an.
Wir setzen uns auf die Bank vor dem Kachelofen.

Die Kerze erhellt den Raum vor uns.
Wir sehen die Tischplatte, die Maserung des Holzes.
Wir schauen die Kerze an.
Die Flamme brennt ganz ruhig.
Draußen in der Ferne bellt ein Hund.
Hier ist es still.
Der Kachelofen wärmt unseren Rücken.
Wir stellen uns vor, was wir als Druck der Stuhllehne im Rücken spüren, sei der Kachelofen. Wir lassen uns von hinten stützen.
Wir stellen uns vor, wie Wärme von hinten aus dem Kachelofen in uns eindringt.

Geborgen – Ich bin

47. Es schneit

Wir sind im Haus und sitzen am Fenster.
Auf die Fensterscheibe hat der Frost Eisblumen hingemalt.
Aber in der Stube ist es warm.
Wir schauen in den Garten hinaus.
Der Schnee hat alles zugedeckt.
Die Zaunpfähle haben Schneemützen auf.
Auf den Ästen der kahlen Bäume liegen Schneebänder.
Am Futterhäuschen holen sich die Vögel Nahrung.
Spatzen sind da und Meisen und noch viele andere Vögel.
Eine Meise pickt hungrig Körner auf,
wirft den Kopf hoch und schaut,
fliegt weg in den Busch
und kommt wieder zurück.
Ein kleiner brauner Vogel hat sein Gefieder aufgeplustert.
Er sieht aus wie ein flauschiger Ball.
Es beginnt zu schneien: Einzelne große Schneeflocken sinken langsam herab.
Es werden immer mehr.
Jetzt schneit es ganz dicht.
Ein weißer Schleier hüllt die Bäume und Büsche ein.
Man hört die Autos auf der Straße kaum mehr.
Alles ist still geworden.
Draußen beginnt es zu dämmern.
In der Stube ist es jetzt dunkel.

Wir stehen auf und suchen den Weg zum Tisch.
Mit den Händen ertasten wir auf der Tischplatte die Kerze und die Streichhölzer.
Wir zünden die Kerze an.
Wir setzen uns auf die Bank neben dem Tisch und lehnen uns an den Kachelofen.
Wir versuchen, seine Wärme in unserem Rücken zu erspüren.
Wir stellen uns vor, wie die Wärme von hinten mehr und mehr unseren ganzen Körper durchdringt.
Jetzt schauen wir die Kerze wieder an.
Wir blicken in die Flamme hinein.
Sie brennt ganz ruhig.
Wir sehen nur noch die Flamme.
Wir lassen sie in unserer Vorstellung immer größer und heller werden.

Licht – Ich bin

Besonderer 2. Teil, Seite 227

48. Winter im Gebirge

Wir sind im Winterurlaub, im Gebirge, hoch oben in einer Skihütte.
Wir haben lang und gut geschlafen und ein ausgiebiges Frühstück zu uns genommen.
Wir stehen vor der Hütte, fertig zum Aufbruch.
Wir wollen den Hang queren, den Waldweg entlang, auf Skiern oder zu Fuß.
Wir gehen los, in unserem Tempo, niemand drängt uns.
Alles ist tief verschneit.
Die Schneedecke ist frei von Spuren, unversehrt.
Auf der Oberfläche glitzern Eiskristalle.
Auf beiden Seiten des Weges stehen Fichten verschiedener Größe.
Die kleinen sind vom Schnee fast zugedeckt.
Die großen tragen auf ihren Ästen schwere Schneelasten.
Alles ist still.
Wir hören nur das Knirschen unserer Skier bzw. unserer Schuhe im Schnee.
Jetzt steigt der Wald rechts von uns an,
links senkt sich das Gelände.
Dort steht eine Holzhütte, ein Heuschober. Auf dem Dach liegt meterdick der Schnee.
Der Blick nach links wird frei in die Ferne.
Wir schauen über die Wipfel der Fichten auf den bewaldeten Hang gegenüber.
So weit das Auge reicht, sehen wir verschneiten Wald.
Jetzt steigt unser Weg etwas an.

Einzelne Sonnenstrahlen blitzen vor uns durch die Bäume.
Es werden immer mehr.
Wir kommen an den Waldrand und treten hinaus in den vollen Sonnenschein.
Die Schneefläche ringsum leuchtet in der Sonne.
Vor uns liegt eine Anhöhe.
Darüber wölbt sich der strahlend blaue Himmel.
Wir steigen hinauf zur Höhe.
Vor uns senken sich die Hänge ins Tal hinunter.
Am Grund liegt ein Dorf mit einer Kirche.
Auf der anderen Seite des Tales steigen die Waldberge wieder hoch.
Dahinter erhebt sich ein mächtiges Felsmassiv.
Am Horizont thronen ferne Schneegipfel.
Wir atmen die frische Bergluft.
Sollten wir die Freude über diesen herrlichen Ausblick nicht mit unseren Kameraden und Freunden teilen, die neben uns stehen, indem wir ihnen die Hände reichen?

Freiheit bzw. frei sein – Ich bin

oder

Freude – Ich bin

49. Sternennacht

In südlichen Ländern gibt es Beduinen, die mit ihren Herden durchs Land ziehen und Tag und Nacht bei ihrem Vieh bleiben.
Wir besuchen heute eine solche Gruppe von Hirten.
Wir sitzen am Lagerfeuer.
Im Kreis ringsum hocken die Hirten und schauen in die Flammen.
Ihre bärtigen Gesichter sind in der einfallenden Dunkelheit nur undeutlich zu erkennen.
Wir gehören zu ihnen.
Im Umkreis hat sich die Herde gelagert.
Wir sehen die dunkle Masse von am Boden liegenden Kühen, das Profil ihrer Köpfe, ihre Hörner.
Wir hören das monotone Geräusch, das sie beim Wiederkäuen machen.
Ab und zu bläst eine von ihnen schnaubend die Luft aus.
Jetzt meckert eine kleine Ziege.
Dann ist wieder alles still.
Die Hirten haben sich um die Feuerstelle herum zum Schlafen auf den Boden gelegt.
Nur wir sind wach und sitzen aufrecht da.
Das Feuer ist verloschen, die letzte Glut verglimmt.
Im Dämmerlicht erkennen wir, daß wir auf der Kuppe eines Hügels sitzen.
In weiten Bögen senkt sich das Land in alle Richtungen.
Über dem Horizont beginnt ein Stern zu funkeln – der Abendstern.

Die Erde ist nun ganz in Dunkel gehüllt. Wir erkennen nichts mehr.

Jetzt sehen wir einen zweiten Stern, einen dritten.

Wir hören das tiefe Atmen der schlafenden Hirten und Tiere in unserer Nähe.

Über uns sind schon viele Sterne aufgegangen.

Eine Sternschnuppe zieht über den Himmel und verglüht.

Ob noch eine kommt? Wir warten und schauen.

Immer mehr Sterne leuchten auf.

Wir können sie gar nicht mehr zählen.

Ein leichter Wind erhebt sich und streicht uns über Stirn und Gesicht.

Unsere Kleidung hält den Körper warm.

Immer deutlicher können wir die Gestalten der schlafenden Männer und Tiere erkennen, denn der Himmel über uns hat angefangen zu leuchten.

Der Himmel hat Millionen von Lichtern angezündet.

Eine riesige Kuppel aus funkelnden, glitzernden Sternen wölbt sich über uns.

Das Land ringsum ist in ein sanftes Licht getaucht.

Wir sitzen an der höchsten Stelle und können alles überblicken.

Langgestreckte Hügelketten laufen hinunter in die Ebene weit draußen.

Alles ist Weideland, Steppe; da ist kein Baum, kein Haus.

Die Erde unter uns schläft, und über uns leuchten alle Sterne.

Der Berg, auf dem wir sitzen, hebt uns hinauf, dem Sternenhimmel näher.

Wir wissen, die Erde ist wie ein Raumschiff, sie zieht ihre Bahn durch das Weltall.

Auf allen Seiten ist sie von Sternenwelten umgeben,
von oben,
von unten,
von links,
von rechts,
von hinten
und von vorn.
Tief unter uns, auf der anderen Seite der Erde, ist jetzt Tag.
Dort steht die Sonne.
Sie trägt die Erde von unten.
Und alle Sterne dort unten tragen die Erde
und auch uns.
Die Sterne über uns tragen die Erde von oben.
Sie tragen auch uns.
Die Sterne zur Linken begleiten und halten die Erde; sie begleiten und halten auch uns.
Die Sterne zur Rechten begleiten und leiten die Erde; sie begleiten und leiten auch uns.
Die Sterne hinter uns stützen und schützen die Erde von hinten; sie stützen und schützen auch uns.
Die Sterne vor uns gehen uns voran in die Zukunft; sie schützen die Bahn der Erde; sie schützen auch uns.

Friede – Ich bin

Wir hören ein Geräusch in unserer Nähe.
Die kleine Ziege ist von der Herde zu uns gekommen und schmiegt sich an uns.
Sie möchte gestreichelt werden.

50. Der Gang zur Mette

Wir gehen durch eine enge Gasse in einer mittelalterlichen Stadt.
Es ist Abend.
Laternen spenden ein mattes Licht.
Nur wenige Menschen sind unterwegs.
Der Schnee ist hart und knirscht unter unseren Tritten.
Wir kommen am Ende der Gasse an.
Vor uns öffnet sich ein Platz.
In seiner Mitte steht der Dom, doppelt so hoch wie die Häuser ringsum.
Über seinem steilen Dach und den zwei Türmen leuchten die Sterne.
Hinter den Kirchenfenstern schimmert Licht.
Wir überqueren den Platz und gehen zum Portal.
Wir öffnen die schwere Tür und treten ein.
Wir stehen in einer hohen Halle.
Über dem Mittelgang hängen Lampen und breiten ein weiches Licht aus.
Ihr Schein fällt auf das Gestühl und die zwei Reihen wuchtiger Säulen rechts und links.
Ein paar Leute sitzen da und dort in den Bänken.
Wir gehen den Mittelgang entlang auf den Altarraum zu, der nur spärlich beleuchtet ist.
Wir setzen uns in eine der vorderen Bänke.
Jemand kommt und zündet am Altar die Kerzen an, eine nach der anderen.
In ihrem Licht glänzen die silbernen Leuchter.

In der Mitte zwischen den zwei Kerzenreihen leuchtet es golden.
Der Kirchenraum ist von Stille erfüllt.
Die Kirche ist wie ein Wesen, das im Schlaf tief und langsam atmet.
Jetzt schlägt eine Glocke oben im Turm.
Dann ertönt ein zweiter Glockenschlag. Der tiefe, volle Ton schwingt langsam durch die Kirchenhalle.
Jetzt gesellt sich eine zweite Glocke dazu; ihr Ton ist höher, ihr Rhythmus schneller.
Dann kommt eine dritte, eine vierte hinzu.
Das vielstimmige Geläut erfüllt die Nacht.
Nun wird im Altarraum die Beleuchtung eingeschaltet.
In vollem Licht strahlt das Weiß der Wände,
das Gold und Silber am Altar,
leuchten die Marmorsäulen dahinter.
Das Kirchenschiff belebt sich, Menschen kommen herein und suchen sich einen Platz.
Alle schweigen.
Sie lauschen wohl auf das Geläut der Glocken und betrachten den Altar.

Heilig – Ich bin

51. Wir schmücken den Christbaum

Wir gehen einen Waldweg entlang.
Rechts und links von uns stehen Tannen und Fichten.
Alles ist schneebedeckt.
Es ist Nacht, und über uns leuchten die Sterne.
Die Schneekristalle funkeln im Sternenlicht
auf den Ästen der Bäume,
auf dem Boden,
auf dem Weg vor uns.
Unser Weg führt zu einem Holzhaus.
Rauch steigt aus dem Kamin.
Wir gehen näher heran.
Auf der Tür des Hauses steht unser Familien- und unser Vorname.
Wir treten ein in unser Haus.
Wir stehen in einem großen viereckigen Raum.
Unsere Augen gewöhnen sich an das Dämmerlicht.
An der linken Seite brennt ein Feuer im offenen Kamin.
Durch die Fenster kommt das Sternenlicht herein.
In der Mitte des Raumes steht ein grüner Tannenbaum.
Daneben auf dem Boden liegen offene Schachteln mit Kerzen und Christbaumschmuck.
Wir wollen jetzt unseren Christbaum schmücken.
Wir nehmen einen goldenen Stern und befestigen ihn an der Spitze.
Wir nehmen drei Kerzen und befestigen sie an den obersten drei Zweigen, die auf gleicher Höhe stehen.
Wir zünden die ersten drei Kerzen an.

Wir hängen drei goldene Engel dazu.
Darunter stehen vier Zweige.
Wir stecken vier Kerzen auf, zünden sie an und hängen vier silberne Engel dazu.
Auf die vier Zweige darunter stecken wir acht Kerzen, auf jeden Zweig zwei, eine außen, eine innen, und zünden sie an.
Außen hängen wir silberne Nüsse und goldene Äpfel dazu.
Die vier Zweige darunter sind die untersten.
Auf jeden Zweig stecken wir drei Kerzen, eine ganz außen, eine weiter innen, eine ins Innere des Baumes.
Außen hängen wir je einen roten Apfel auf,
weiter innen je eine blaue Kugel
und ganz innen je eine Kristallkugel.
Jetzt zünden wir alle zwölf untersten Kerzen an.
Wir breiten die Arme aus und singen ein Weihnachtslied.

Leben – Ich bin

52. In der Burg

Wir reisen heute auf den Flügeln unserer Phantasie ins Mittelalter zurück.
Wir befinden uns auf einem Hügel.
Auf der Anhöhe gegenüber steht eine Burg.
Ihr äußerer Hof ist umgeben von einer quadratischen Mauer.
Der Innenhof liegt höher, so daß wir nicht hineinschauen können.
Ihn umgibt eine runde Mauer.
In der Mitte erhebt sich ein Turm.
Auf dem Turm steht jemand und bläst ein Trompetensignal.
Wir gehen zur Burg hinüber.
Wir gelangen an ein großes Tor, das rot angestrichen ist.
Dort ist ein Schild angebracht, auf dem unser Familienname steht.
Jetzt öffnen sich die beiden Torflügel von selbst, und wir treten ein.
Wir stehen im äußeren Burghof.
Hier herrscht buntes Treiben. Überall gehen und stehen Menschen und Tiere.
Wir wenden uns nach links und beginnen einen Rundgang um den Burgberg.
Hühner laufen gackernd umher.
Da kläfft ein Hund.
Ein Knecht führt zwei Pferde hinaus zur Feldarbeit.
Niemand beachtet uns bei unserem Rundgang. Wir be-

wegen uns frei und schauen uns alles an.
Auf der Rückseite des äußeren Burgringes befinden sich die Ställe.
Da muhen die Kühe, quieken die Schweine und meckern die Ziegen.
Als wir zum Ausgangspunkt zurückkehren, entdecken wir an der runden Innenmauer eine kleine weiße Tür.
Auch dort ist ein Schild angebracht; darauf steht unser Vorname.
Die beiden Türflügel öffnen sich, und wir gehen hinein.
Wir befinden uns in einem Gang.
Im Dämmerlicht erkennen wir eine Treppe, die nach oben führt.
Wir steigen hinauf
und treten wieder ins Freie.
Es ist ganz still hier oben.
Die kreisrunde Mauer schirmt alles ab und läßt nur den Blick auf den blauen, wolkenlosen Himmel frei.
Vor uns liegen Beete mit vielerlei Pflanzen und Kräutern.
Würzige Düfte steigen in unsere Nase.
Ein weißer Schmetterling flattert vorbei und läßt sich auf einer Blüte nieder.
Wir hören das Summen von Bienen.
Sie fliegen von einer Blüte zur anderen.
Wir gehen weiter.
In der Mitte des Gartens sehen wir den Turm. Er ist rund und besteht aus mächtigen Steinquadern.
Herbstlich gefärbtes, goldgelbes Weinlaub rankt sich an ihm empor.
Wir treten nahe an den Turm heran.
Die Morgensonne liegt warm auf dem alten Gemäuer.
Wir setzen uns auf den Boden und lehnen uns an die

erwärmte Mauer.
Wir versuchen, die Wärme zu erspüren, die in unseren Rücken einfließt.
Die Morgensonne scheint uns auf Brust und Bauch und wärmt uns ebenfalls.
Vor uns, an der Ostseite der Innenmauer, entdecken wir jetzt eine Kapelle mit hohen Fenstern und gotischen Spitzbögen.
Ein Schwarm Vögel rauscht herbei und läßt sich auf den Mauer- und Turmspitzen nieder.
Sie fangen an zu zwitschern.
Auf einer Bank neben der Kapellentür sitzt eine Frau, eine Dame in langem, blauem Gewand mit einem Kranz aus weißen Blumen auf dem Kopf.
Sie blickt auf ein kleines Kind, das zu ihren Füßen am Boden sitzt und Kieselsteine durch die Finger gleiten läßt.
Auf der anderen Seite der Tür sitzt ein Mann; er muß uralt sein, denn er hat schneeweißes Haar und einen langen weißen Bart.
Die beiden haben offensichtlich unser Kommen bemerkt und finden es ganz natürlich, daß wir da sind.

Friede – Ich bin

53. Aufbruch

Wir gehen ein enges, dunkles Tal entlang.
Die ersten Sonnenstrahlen erhellen das Dämmerdunkel über den Talböschungen.
Unser Weg führt durch Wald mit niedrigem Dickicht und einzelnen Bäumen.
Die Morgensonne erfaßt nun auch die Kronen der Bäume.
Wir lassen den Wald hinter uns und gehen über eine taubedeckte Wiese.
Das Gelände steigt an.
Wir gehen langsam und setzen jeden Schritt mit Bedacht.
Wir gelangen zu einer Anhöhe, von der aus wir einen weiten Blick nach vorne haben.
Die Sonne hat jetzt den Boden erreicht und läßt die Tautropfen glitzern.
In der Mitte der kreisförmigen Anhöhe steht ein alter, achteckiger Stein.
Darauf stehen eingemeißelt die Worte: «Der Geist weht, wo er will.»
Wir setzen uns auf den Stein und blicken nach vorne. Das Tal, durch welches wir gekommen sind, führt geradeaus weiter in die Berge hinauf.
Die Kette grüner Waldberge unmittelbar vor uns öffnet sich dem Tal.
In größerer Ferne schließt ein Ring hoher blauer Berge den Horizont ein.
Aber in der Mitte hat der Ring einen V-förmigen Ein-

schnitt für den Weg aus dem Tal.
In weiter Ferne leuchtet das schneebedeckte Hochgebirge.
Genau in unserer Blickrichtung, hoch oben, ist eine Lücke zwischen den Schneeriesen.
Dort dürfte der Paß sein, zu dem unser Weg führt.
Eine leichte Brise kommt auf.
Die Baumwipfel wiegen sich leicht im Wind.
Wir schließen die Augen und ruhen noch ein wenig, bevor wir weitergehen.
Die Sonne liegt warm auf unserem Gesicht.
Der Wind streicht sacht über Stirn, Schläfen und Scheitel.
Wir denken, wie schön es wäre, wenn es jemanden gäbe, dem wir alles sagen könnten, was wir denken und fühlen, was uns im Innersten bewegt; jemanden, dem wir auch unsere Sorgen und Nöte eingestehen können,
auch die offenkundigen und die verdeckten Schwächen, die wir nicht ohne weiteres ablegen können;
jemanden, dem wir unsere intimsten Geheimnisse anvertrauen können, die wir auch einem guten Freund bzw. einer guten Freundin nicht mitteilen wollen,
weil er bzw. sie uns vielleicht geringschätzt,
weil wir ihn bzw. sie vielleicht verlieren,
oder ganz einfach, weil wir instinktiv wissen, daß man ohne Not sein Allerinnerstes keinem Menschen preisgeben darf.
So aber sind wir im tiefsten Inneren allein.
Wie wäre es aber, wenn wir den Mut aufbrächten, uns ein geistiges Wesen vorzustellen, das uns wohlgesonnen ist,
das uns nahe ist,

das uns zuhört, wenn wir zu ihm sprechen,
das alles Menschliche versteht.
Wir können ja einmal den Versuch wagen.
Es genügt, dies als ein Spiel unserer Phantasie zu betrachten.

54. Der wilde Mann auf dem Marktplatz

Es ist Markt in einer Stadt.
Die Händler haben ihre Buden aufgebaut und bieten ihre Waren an.
Die Kunden gehen von Stand zu Stand und prüfen die Auslagen.
Plötzlich entsteht Unruhe.
Ein Mann auf einem Esel reitet wild durch die Menge.
Er treibt sein Tier zu einem Obststand, hält dort, ohne abzusteigen, an und beginnt sofort, um den Preis zu feilschen.
Indessen frißt der Esel einen Apfel aus einer Kiste des Obsthändlers.
Sichtlich unzufrieden verläßt der Mann auf dem Esel den Obststand und redet auf die Umstehenden ein, sie sollten ihm folgen.
Eine Schar von Menschen, die sich zusehends vergrößert, zieht hinter dem Reiter her bis zum Rand des Marktplatzes.
Dort wirft sich der erzürnte Mann in die Brust und hält eine Rede gegen die hohen Preise.
Die Menge unterbricht ihn immer wieder mit Beifallsrufen.
Der Redner wird immer lauter und immer zorniger.
Er läuft rot an im Gesicht.
Da entsteht ein neuer Unruheherd. Am Rande der Menge sind zwei Männer in Streit geraten.
Es kommt zu Handgreiflichkeiten.

Unser Reiter bricht seine Rede ab und treibt seinen Esel quer durch die Menge zu den Streithälsen.
Ohne zu zögern, ergreift er Partei für den einen und schlägt dem anderen die Faust auf den Kopf.
Kurz darauf ändert er ohne ersichtlichen Grund seinen Sinn und schlägt dem anderen auf den Kopf, zu welchem er zuerst gehalten hat.
Dem Esel steht der Schaum vor dem Mund.
Jetzt ist die Polizei da.
Sie gebietet dem Mann, von seinem Esel abzusteigen, und führt ihn ab.
Mitleidige Menschen nehmen sich des Esels an, bringen ihn an einen ruhigen Platz und geben ihm Wasser und Futter.
Den wilden Mann schaffen die Gesetzeshüter ins Krankenhaus und übergeben ihn einem Arzt.
Der Arzt und eine Krankenschwester, beide in Weiß, geleiten den Häftling in ein Krankenzimmer und bedeuten ihm, er solle sich auf einer Pritsche niederlegen, was er widerstrebend tut.
Dann binden sie ihm Arme und Beine fest, so daß er sich nicht mehr rühren kann.
Arzt und Schwester setzen sich neben dem Kranken nieder und beobachten ihn.
Das Zimmer weist nur das allernötigste Mobiliar auf.
Die Wände sind weiß getüncht.
Die Sonne scheint zum Fenster herein.
Im Raum herrscht eine Atmosphäre der Stille und des Friedens.
Der Mann schläft ein.

Friede – Ich bin

55. Die Wanderung zur Stadt auf dem Berg

Wir stehen auf einem Parkplatz.
Unsere Eltern haben uns mit dem Auto hierher gebracht.
Wir tragen einen Rucksack und wollen eine Wanderung machen.
Wir verabschieden uns von unseren Eltern und machen uns auf den Weg.
Wir kommen auf eine große Fläche, wo es von Menschen nur so wimmelt.
Überall herrscht laute Betriebsamkeit.
Links zweigt eine breite Teerstraße ab.
Eine Gruppe von Menschen, alle in blauen Hosen und mit Strohhüten auf dem Kopf, marschiert im Gleichschritt zur breiten Straße.
Rechts von uns stehen Leute vor der Talstation einer Bergbahn Schlange.
Vorne steht einer mit einer Vereinsfahne.
Sie gehören wohl alle zum gleichen Verein.
In der Mitte zwischen der Talstation (rechts) und der breiten Straße (links) führt ein schmaler Pfad bergauf.
Wir nehmen den schmalen Pfad in der Mitte und beginnen langsam mit dem Aufstieg.
Der Boden ist felsig.
Wir müssen jeden Tritt genau setzen.
Aber unsere Füße finden guten Halt.
Das Gehen strengt an. Uns wird warm.
Wir müssen langsam steigen, um nicht außer Atem zu kommen.

Das Stimmengewirr der Leute verebbt hinter uns.
Unser Weg führt uns jetzt in den Wald hinein.
Die angenehme Frische des Waldes nimmt uns auf.
Ringsum herrscht Schweigen.
Nur die Vögel singen.
Durch die Wipfel der Bäume blitzen uns die Strahlen der Morgensonne entgegen.
Der Hochwald weicht nun niedrigem Jungholz.
Wir haben einen weiten Rundblick.
Auf der linken Seite – tief unter uns in einer Schlucht – sehen wir die Marschierer auf der breiten Straße.
Die Schlucht macht eine Biegung nach links.
Die Straße folgt ihr und führt zurück – hinaus in sumpfige Niederungen.
Rechts hinter uns sehen wir die Bergbahn.
Eine Gondel schwebt hinauf zu einem hohen Felsgrat, der von Wolken umhüllt ist.
Schwarze Vögel, Dohlen, umkreisen ihn.
Wir wenden uns wieder nach vorne und gehen weiter unseren Weg.
Wir haben uns ans Steigen gewöhnt.
Wir gehen in dem Rhythmus, der uns paßt: nicht zu schnell und nicht zu langsam.
Die Sonne steht jetzt hoch am Himmel.
Die Sonne brennt uns ins Gesicht. Aber wir nehmen dies in Kauf, denn wir wollen unser Ziel erreichen.
Vor uns in der Ferne sehen wir die Spitze eines Turmes hinter einem Hügel.
Wir steigen den Hügel hinauf.
Jetzt sehen wir schon einen Teil des Turmes selbst.
Der untere Teil des Turmes wird von einem zweiten Hügel verdeckt.

Wir gehen auch den zweiten Hügel hinauf.
Jetzt sehen wir den Turm in seiner ganzen Größe.
Er steht inmitten einer Stadt auf einem Berg.
Die Strahlen der Abendsonne tauchen die Stadt in goldenes Licht.

Der Weg – Ich bin

56. Die Insel

Wir sitzen in einem Kahn und rudern über einen See.
Der See wird auf beiden Seiten von hohen, steilen Felswänden begrenzt.
Es ist früher Morgen.
Leichter Dunst liegt über dem Wasser.
Die Oberfläche des Sees ist ruhig wie ein Spiegel.
Alles ist still ringsum.
Nur das Platschen der Ruder ist zu hören, wenn sie ins Wasser eintauchen.
Wir gleiten in unserem Kahn vorwärts in der Mitte zwischen den Felswänden rechts und links.
Auf unserer linken Seite blitzen die Sonnenstrahlen über die obere Kante der Felswand.
Wir rudern weiter.
Die Felsen treten auseinander.
Die Sonnenstrahlen dringen bis auf die Oberfläche des Sees zu uns herunter.
Der Dunst verweht, und der See glitzert im Sonnenschein.
Vor uns liegt eine runde Insel.
Wir rudern auf die Insel zu.
Hohe, alte Bäume stehen dort dicht nebeneinander.
Wir legen an und steigen aus.
Wir dringen ins Innere vor.
Über uns in den Bäumen geht der Wind in den Blättern.
Die Bäume müssen uralt sein, so mächtig sind ihre Stämme.

Vorne lichtet sich der Wald.
Wir schreiten weiter.
Vor uns liegt eine Lichtung im hellen Sonnenschein.
In der Mitte der Lichtung steht ein weißer Rundbau.
Wir gehen im Uhrzeigersinn um das Bauwerk herum.
Wir kehren zu unserem Ausgangspunkt zurück.
Jetzt erst sehen wir eine schmale Tür.
Darüber steht eine Inschrift in goldenen Buchstaben.
Der Text lautet: «Tritt ein ohne Furcht, und erkenne dich selbst!»
Wer geht hinein?

57. Der Schatz im Meer

Wir sind am Mittelmeer und machen Urlaub.
Wir liegen auf dem Bauch in einem Ruderboot vor der Küste.
Wir haben den Badeanzug an und lassen uns bräunen.
Die Sonne scheint uns warm auf den Rücken und die Hinterseite der Beine.
Das Boot schaukelt sacht auf den Wellen.
Wir hören nur das Plätschern der Wellen, die ans Boot schlagen.
Sonst herrscht Stille.
Wir genießen die Ruhe und die Wärme.
Unser Boot ist aus Glas, durchsichtig.
Wir schauen ins Wasser unter uns. Es ist rein und kristallklar.
Kleine bunte Fische schwimmen umher.
Das Sonnenlicht dringt bis auf den Grund, wo Kieselsteine hell leuchten.
An einer Stelle steht Seegras.
Seine schmalen Halme wiegen sich leicht hin und her.
Halb vom Seegras verdeckt, liegt etwas Dunkles.
Es sieht aus wie ein Eisenkästchen.
Es ist von Schneckenhäusern bedeckt und schmutzig.
Auf dem Deckel erkennen wir jetzt einzelne Buchstaben.
Wir versuchen, sie zu einem Wort zu verbinden; aber sie ergeben keinen Sinn.
Jetzt verbinden wir die Buchstaben von rechts nach links.
So entsteht unser Vorname.

Es ist also unser Kästchen, und wir dürfen es heraufholen.
Wie sollen wir es anstellen?
Das Wasser ist nicht tief; wir können also leicht hinuntertauchen.
Aber wenn das Kästchen schwer ist, können wir es nicht heraufbringen. Nun liegt im Boot ein Seil. Wenn wir es am Kästchen befestigen, können wir es heraufziehen.
Wir führen diesen Plan aus und tauchen mit dem Seil in der Hand hinunter.

Wir sitzen wieder im Boot, halten den Strick, ziehen an, spüren das Gewicht des Kästchens; es ist nicht zu schwer, aber irgend etwas hält es fest, vielleicht ein Stein.
Wir binden das Seil hinten am Boot fest und beginnen zu rudern.
Der Strick spannt sich, wir kommen geradeaus nicht voran, also fahren wir einen Bogen im Uhrzeigersinn (mehrmals).
Das Kästchen kommt frei, wir ziehen es ins Boot.
Jetzt können wir unseren Namen von links nach rechts lesen.
Wer öffnet sein Kästchen, um hineinzuschauen?

58. König und Königin

Wir befinden uns in einem dunklen Wald.
Das Unterholz ist dicht.
Wir bahnen uns einen Weg nach vorn: Wir drücken die Äste beiseite, die uns den Weg versperren wollen.
Wir lösen die dornigen Ranken, die sich an unserer Kleidung festgehakt haben.
Wir sehen einen hellen Schein vor uns und gehen darauf zu.
Wir treten aus dem Wald hinaus auf eine Lichtung.
In ihrer Mitte steht ein weißes Haus.
Es ist schön wie ein Schloß.
Wir gehen näher heran und kommen zum Portal.
An der Tür ist ein Schild angebracht; darauf stehen unser Familienname und unser Vorname.
Wir dürfen also eintreten und tun das auch.
Eventuell müssen wir mit einem Schlüssel aufsperren.
Wir betreten einen Theatersaal.
Die Bühne ist hell erleuchtet.
Aber niemand ist da.
Wir gehen den Mittelgang nach vorne und suchen uns einen Platz.
Ein Gong ertönt.
Die Bühnendekoration stellt einen hohen, vornehm wirkenden Raum dar.
In der Mitte hängt ein Kronleuchter, dessen Kerzen den Umkreis erhellen.
Jetzt ertönen zwei Gongschläge hintereinander.

Unter dem Kronleuchter in der Mitte der Bühne stehen auf einem roten runden Teppich zwei Thronsessel nebeneinander, rechts ein goldener, links ein silberner.
Nun hören wir drei Gongschläge hintereinander.
Gleich darauf tritt von rechts ein Diener ein und ruft: «Achtung! Der König kommt.»
Fast gleichzeitig tritt von links her eine Dienerin ein und ruft: «Achtung! Die Königin kommt.»
König und Königin treten von ihren Seiten her ein und gehen aufeinander zu.
Als sie voreinander stehen, versuchen sie, sich zu umarmen.
Aber sie können es nicht.
Mitten im Raum ist eine gläserne Wand, welche die Bühne in zwei gleiche Hälften trennt und vorher nicht sichtbar war.
König und Königin setzen sich auf ihre Thronsessel und lehnen sich an die gläserne Wand, so daß sie einander so nahe sind wie nur möglich.
Wir senden mit dem Ausatmungsstrom auf die gläserne Wand zwischen König und Königin die Worte:

Ich bin – die Tür

59. Die Vereinigung von Sonne und Erde

Wir steigen langsam bergauf.
Wir haben einen weiten Weg hinter uns.
Es ist noch Nacht,
aber es beginnt bereits zu dämmern.
Wir achten auf unseren Weg.
Unser Pfad ist sicher, aber schmal.
Das Gelände links von uns ist moorig.
Rechts von uns ist zerklüftete Felswildnis mit jähen Abstürzen.
Vor uns wird der Himmel hell.
Der Gipfel des Berges hebt sich vor der Helligkeit ab.
Es ist nicht mehr weit bis zum Ziel.
Wir ersteigen jetzt den Gipfel.
Wir gehen über Stufen hinauf.
Das Moor und die Felsklüfte haben wir hinter uns gelassen.
Vor und über uns wird die Helligkeit immer größer.
Wir erreichen den Gipfel.
Wir setzen uns an den Fuß des Gipfelkreuzes und lehnen uns an den senkrechten Balken.
Vor uns, jenseits des Tales, erhebt sich eine steile Felswand.
Über dieser Felswand beginnt der Himmel zu leuchten.
Die Stelle, die genau uns gegenüber liegt, wird rot,
scheint Feuer zu fangen, zu glühen.
Die rote Scheibe der Sonne steigt langsam hinter der Felswand empor.

In der Ferne beginnt ein Vogel zu singen,
ganz in unserer Nähe antwortet ihm ein zweiter, dann ein dritter.
Die Sonne schießt Feuergarben über die Felswand herüber und hinab in das dunkle Tal vor uns.
Jetzt erfüllt der Gesang der Vögel den ganzen Umkreis.
Wir stehen auf und erheben die Arme zur Sonne.
Auch wir fangen an zu singen.
Die Sonne steigt höher.
Ihr rotes Feuer fließt auf die Felsen und macht sie weich durch und durch.
Die steile Wand sinkt langsam nach unten, das Tal steigt auf und wird hell.
Die Erde wird eben im ganzen Umkreis.
Ein silbernes Band läuft von unseren Füßen über die Erde in Richtung der Sonne.
Darüber strahlt die Sonne golden.
Einer ihrer Strahlen trifft die silberne Bahn,
läuft auf uns zu, tritt in uns ein,
erfüllt uns ganz
und entzündet unseren innersten Kern.
Wir selbst werden eine kleine Sonne.
Das Licht fließt von der Sonne her durch uns hindurch in die Erde hinein.
Die Erde wird zur Sonne.

Heilig – Ich bin

60. Der Kampf mit dem Drachen

Wir sind unterwegs zur Stadt auf dem Berg.
Wir gehen einen Höhenrücken entlang.
Die Sonne scheint.
Der Himmel ist klar.
Die Sonne hat ihren höchsten Stand erreicht und leuchtet über das ganze Land ringsum.
Die Sonne hat alle Schatten aufgelöst.
Die Sonne liegt warm auf unserem Leib.
Die Wärme der Sonne fließt durch unseren ganzen Leib, in jede Zelle unseres Körpers.
Rechter Hand steht eine Einsiedelei.
Der Einsiedler hat uns bereits gesehen und erwartet uns vor der Tür seiner Kapelle.
Er begrüßt uns freundlich, als wir die Einsiedelei erreichen, und fragt uns, ob wir wissen, daß dies der Weg zur Stadt auf dem Berg ist
und ob wir tatsächlich dorthin wollen.
«Der Weg dorthin ist gefährlich», fügt er hinzu.
Wir überlegen, was wir wollen und ob wir uns der Gefahr aussetzen können.
Wenn wir uns nicht stark genug fühlen, eine Gefahr zu bestehen, die so groß sein kann, wie das Erreichen der Stadt auf dem Berg wert ist, gehen wir nicht weiter.
In diesem Fall bitten wir den Einsiedler um Rat.
Danach endet für uns diese Imagination.
Andernfalls sagen wir dem Einsiedler, daß wir uns stark genug fühlen und entschlossen sind weiterzugehen.

Er lächelt und nimmt uns mit in die Kapelle.
Auf dem Altar steht ein Kelch mit Wein und eine Schüssel mit Weißbrot.
Der Einsiedler segnet Brot und Wein und fordert uns auf, davon zu essen und zu trinken.
Wir essen etwas Brot und trinken etwas Wein.
Auf dem Altar liegt ein weißer ärmelloser Mantel.
In der Mitte ist mit Goldfaden ein Kreuz in einen Kreis eingestickt.
Der Einsiedler legt uns den Mantel um, so daß das Kreuz im Kreis unseren Rücken bedeckt.
Er nimmt vom Altar ein goldenes Schwert und legt es uns in die rechte Hand.
Er nimmt vom Altar eine silberne Lanze und legt sie uns in die linke Hand.
Er schickt uns mit einem Segenswort auf den Weg.
Unser Weg führt leicht bergan.
Hinter der Hügelkuppe sehen wir schon den Turm der Stadt auf dem Berg.
Wie wir weitergehen, wird der Turm immer größer.
Wir erreichen die Höhe.
Die Stadt auf dem Berg steht vor uns.
Die Häuser sind weiß und leuchten in der Sonne.
Der hohe Turm steht in der Mitte der Stadt.
Auch der Turm ist weiß und trägt ein goldenes Dach, auf dem die Sonne funkelt.
Die Stadt umgibt eine hohe Mauer aus rotem Backstein.
Auch das Tor ist rot.
Es steht offen.
Davor liegt etwas Schwarzes.
Es sieht aus wie ein schwarzer Stein.
Wir gehen hinüber zum Tor.

In dem Maße, wie wir näher kommen, wird der schwarze Stein größer.
Er liegt mitten vor dem Tor.
Wir sind jetzt ganz nahe herangekommen.
Das schwarze Ding breitet sich aus: Es ist ein Drache, der uns das Tor versperrt.
Wir haben noch die Möglichkeit umzukehren.
In diesem Fall gehen wir ganz langsam rückwärts, wobei wir unser Gesicht dem Drachen zugewandt lassen, bis wir wieder an der Einsiedelei angekommen sind.
Wir haben auch die Möglichkeit zu kämpfen.
In diesem Fall richten wir zunächst unsere Aufmerksamkeit auf unseren Körper.
Beim Ausatmen lassen wir uns in den Schultern los und im Beckenraum nieder.
Wir warten, bis die Atempause vorbei ist und das Einatmen von alleine einsetzt.
Wenn es uns nicht gelingt, den Atem in dieser Weise zu kontrollieren, treten wir in der obenbeschriebenen Weise den Rückzug an.
Im anderen Fall verweilen wir eine Zeitlang im ruhig fließenden Atem, wobei der Schwerpunkt des Körpers im Becken liegt.
Dann lassen wir beim Ausatmen die Worte «Ich bin» von unserem Mund auf einen gedachten Strahl zwischen die Augen des Drachens fließen.
Darauf richten wir unser Schwert auf die Brustmitte des Drachens.
Ebenfalls beim Ausatmen lassen wir nach den Worten «Ich bin» aus der Schwertspitze einen Lichtstrahl in die Brustmitte des Drachens dringen und denken dabei das Wort «Licht».

Sobald einige Lichtstrahlen aus dem Schwert auf den Drachen eingewirkt haben, senden wir aus der silbernen Lanzenspitze einen zweiten Lichtstrahl, ebenfalls beim Ausatmen, dem Drachen zu, und zwar in seine linke Brust. Auch diesen Strahl begleiten wir mit dem Wort «Licht».

Beide Vorgänge gehen gleichzeitig vonstatten.

Wir hören nicht auf, bevor eine gewisse Umwandlung des Drachens eingetreten ist bzw. der innere Begleiter uns dazu auffordert.

Wenn nötig, ergänzen wir das Wort «Licht» noch durch «Leben, Liebe».

Zum Schluß kehren wir in die Kapelle zurück.

Der besondere 2. Teil einiger Imaginationen

Imagination	Worte
Nr. 2	«Ist jemand da, der sagt, daß ich meinen Tieren Wasser / kein Wasser geben soll?»
Nr. 6	«Ist jemand da, der mir empfiehlt, im Haus noch etwas anderes zu reinigen?»
Nr. 19	Wir sehen draußen einen gebrechlichen Menschen stehen, der auch unter den Wasserfall kommen möchte, es aber alleine nicht wagt oder nicht kann. Soll ich ihn hereinholen?
Nr. 24	«Ist ein Freund da, der mich auf meinem Weg begleitet?»
Nr. 25	Ich frage die Anwesenden, wer von ihnen durch das Feuer springen will, und begleite den Betreffenden.
Nr. 26	Ein schwacher Mensch ist da. Er möchte trinken, kann aber nicht. Soll ich ihm Wasser reichen?
Nr. 37	Es heißt, wenn man eine Sternschnuppe sieht, darf man sich etwas wünschen. Ich

fordere meine Wünsche auf, sich in ihrer wahren Gestalt zu zeigen.

Nr. 39 Ich fordere meinen inneren Mann und meine innere Frau auf, hervorzutreten und sich in ihrer wahren Gestalt zu zeigen. Dann frage ich sie, ob sie sich lieben und, wenn nicht, warum. Darauf schicke ich ihnen beim Ausatmen die Worte zu: «Ich bin – Liebe».

Nr. 45 Ich rufe die schwarzen Schafe, eins nach dem anderen, frage sie, was ihnen fehlt, und mache sie, so gut es geht, mit entsprechenden Ich-bin-Worten weiß.

Nr. 47 Es klopft an der Tür. Ich frage, wer draußen ist. «Ein Bettler», ist die Antwort. Ich frage nach seinem Namen. Der bzw. die Unbekannte nennt meinen eigenen Namen. Soll ich ihm / ihr die Tür öffnen?

Drei Imaginationen mit religiösen Motiven

Da sagte Gott zu Mose: Gut, ich werde also zu den Israeliten kommen und ihnen sagen: Der Gott eurer Väter hat mich zu euch gesandt. Da werden sie mich fragen: Wie heißt er? Was soll ich ihnen darauf sagen? Da antwortete Gott dem Mose: Ich bin der ICH-BIN.

Exodus 3,13–14

61. Nachtwache im Tempel

Wir reisen in unserer Phantasie heute in ein fernes Land, weit zurück in die Vergangenheit.
Wir sind Diener im alten Tempel von Jerusalem.
Wir haben heute die Nachtwache.
Wir sind ganz allein im innersten Tempelbezirk.
Wir befinden uns in einem hohen Raum.
Das Licht der Sterne fällt durch die Fenster und macht die Umrisse der Gegenstände sichtbar.
Auf einer Seite hängt ein schwerer, golddurchwirkter Vorhang.
Dahinter befindet sich der Mittelpunkt des Tempels, das Allerheiligste.
Dorthinein geht der Hohe Priester immer alleine.
Wir sitzen schon lange auf unserem Stuhl.
Die Stunden der Nacht vergehen langsam.
Kein Geräusch ist zu hören.
Plötzlich ist es uns, als habe jemand gerufen, als habe jemand unseren Namen gerufen.
Wir lauschen. Aber da ist niemand.
Wieder hören wir unseren Vornamen rufen, ganz deutlich.
Wir stehen auf und schauen uns um.
Im Raum ist niemand.
Wir gehen zur Tür, die nach draußen führt, öffnen sie und sehen hinaus.
Der Gang draußen ist spärlich durch Fackeln erhellt, die an den Wänden befestigt sind.

Da ist auch niemand.
Wir schließen die Außentür wieder, gehen zu unserem Stuhl zurück und setzen unsere Wache fort.
Wir sind jetzt hellwach.
Im Raum herrscht völlige Stille.
Jetzt hören wir wieder die Stimme, die unseren Namen ruft.
Sie kommt durch den Vorhang, hinter dem sich das Allerheiligste befindet.
Wir stehen auf und gehen zum Vorhang.
Wer schiebt den Vorhang zur Seite und geht hinein?

62. Die Befreiung

Wir liegen in einem Verlies auf einer Pritsche und schauen zur Decke hinauf.
Oben in der Mauer, nur wenig unter der Decke, befindet sich ein kleines, vergittertes Fenster.
Unsere Gefängniszelle ist kühl und feucht.
Es riecht modrig.
Plötzlich ertönt von fern ein Fanfarensignal.
Wir richten uns auf in sitzende Haltung und lauschen.
Wieder hören wir das Fanfarensignal.
Wir stehen auf und lauschen wieder.
Uns ist, als komme der Ton aus dem Inneren der Burg, in deren Keller wir uns befinden.
Wir wenden uns zur Tür, die unsere Zelle verschließt.
Jetzt hören wir das Signal der Fanfare zum dritten Mal.
Die Tür unseres Gefängnisses springt auf.
Wir verlassen unsere Zelle.
Vor uns führt ein dämmriger Gang nach oben.
Wir steigen die Treppe empor.
Durch den Türbogen am oberen Ende der Treppe fällt Licht herein.
Wir steigen hinauf in das Licht.
Wir erreichen die Türöffnung am Ende der Treppe.
Wir blicken in einen weiten, hellen Saal.
Auf einem weißgedeckten Tisch ist ein Festmahl angerichtet.
Auf silbernen Tellern liegt Weißbrot.
Goldene Kannen sind mit Wein gefüllt.

Niemand außer uns ist im Raum.
Wir sehen uns alles in Ruhe an.
Durch die Fenster auf der gegenüberliegenden Seite des Saales schaut der lichte Tag herein.
Jetzt öffnet sich eine schmale Seitentür, und ein Mann und eine Frau treten ein.
Sie kommen auf uns zu und lächeln freundlich.
Es scheinen Diener zu sein.
Sie führen uns in eine Ecke des Saales und bedeuten uns mit einer Handbewegung, daß wir uns auf den Stuhl dort setzen sollen.
Wir tun, was man von uns erwartet.
Der eine von ihnen nimmt uns unsere alten Kleider ab, wäscht uns und trocknet uns ab.
Wir stehen wieder auf.
Der andere Diener zieht uns jetzt neue, festliche Kleider an.
Nun ertönt ganz deutlich von neuem ein Signal aus vielen Fanfaren.
Die Haupttüre des Saales öffnet sich.
Die Diener rufen gleichzeitig: «Das Festmahl ist gerichtet. Der Herr kommt.»
Wir führen das Geschehen selbständig weiter.

63. Das Totengericht

Von meinem Standpunkt etwa in Höhe der Baumkronen sehe ich vor mir eine Trauergesellschaft.
Die schwarz gekleideten Trauergäste stehen um ein offenes Grab, über dem ein ebenfalls offener Sarg zu sehen ist.
Unmittelbar davor stehen meine nächsten Angehörigen.
Die Leiche im Sarg erkenne ich jetzt als meine eigene.
Ich höre den Pfarrer Gebete und Segensworte sprechen, sehe ihn die Leiche segnen.
Jetzt wird der Sargdeckel geschlossen,
die Balken unter dem Sarg werden herausgezogen,
der Sarg wird in die Grube hinuntergelassen.
Die Trauergäste werfen mit einem Schäufelchen Erde auf den Sarg.
Dann verlassen sie, einer nach dem anderen, den Friedhof.
Die Totengräber kommen und schaufeln das Grab zu, stecken an das Kopfende ein Kreuz mit meinem Namen darauf und legen die Kränze auf das Grab.
Ich verlasse den Friedhof, der am Stadtrand liegt, und bewege mich über die Wiese in den Wald.
Ich gelange an einen Fluß.
Dort erwartet mich ein schwarz gekleideter Fährmann mit einem schwarzen Hund.
Der Fährmann fordert mich auf, in sein Boot zu steigen.
Ich lasse mich an das jenseitige Ufer hinüberfahren.
Dort stehen Menschen, die mir zuwinken.

Der Fährmann läßt mich aussteigen.
Die Menschen am Ufer begrüßen mich.
Jetzt erscheinen zwei Soldaten, die mich in ihre Mitte nehmen und fortführen.
Die Menschen folgen mir in Zweierreihen.
Wir erreichen ein hohes Gebäude.
Über dem Eingang steht: «Das ewige Gericht».
Ich werde von den zwei Soldaten hineingeführt.
Die Leute bleiben zurück.
Ich gelange in einen menschenleeren Gerichtssaal.
An seiner Stirnseite stehen links, rechts und in der Mitte je ein Stuhl und ein Tisch.
Je ein Schild verkündet, links: «Der Ankläger»,
in der Mitte: «Der Richter»,
rechts: «Der Verteidiger».
In der Mitte der Wand hängt ein Kreuz.
Ich setze mich auf einen Stuhl an einen Tisch, auf dem ein Schild steht mit den Worten: «Der Angeklagte».
Ein Trompetensignal ertönt. – Ich stehe auf.
Ein zweites Trompetensignal ertönt. – Eine Tür geht auf.
Ein Gerichtsdiener tritt ein und verkündet: «Das ewige Gericht».
Ein drittes Signal ertönt, das Gericht tritt ein, und die Verhandlung beginnt.
Ich setze das Geschehen selbständig fort.

Anhang

Anmerkungen

1 Arnold Lazarus: Innenbilder. Imagination in der Therapie und als Selbsthilfe. München 1980. S. 29.
2 Ebd., S. 50–51.
3 Wilhelm Bitter (Hrsg.): Meditation in Religion und Psychotherapie. Stuttgart 1973. S. 86.
4 Zusätzlich möchte ich die folgenden Titel nennen, sie behandeln dieses Thema und enthalten darüber hinaus viel Wissenswertes:
F. Johannes Boeckel: Meditationspraxis
Karlfried Graf Dürckheim: Hara
Verena Kast: Imagination als Raum der Freiheit
Lutz Schwäbisch und Martin Siems: Selbstentfaltung durch Meditation
G. Henry Tietze: Imagination und Symboldeutung
Boeckel und Dürckheim kommen aus der Tradition des Zen, Kast und Tietze vertreten die Imaginationstherapie, Schwäbisch und Siems schließlich betonen die psychologischen Aspekte.
5 Jeder Schreiner oder Bastler kann ein solches Bänkchen anfertigen. Die Maße sind:
Sitzfläche: 48 cm x 16 cm
Stützen: in der Höhe 18 cm und 15 cm, in der Breite 15,5 cm.
6 Karlfried Graf Dürckheim: Hara. Bern, München, Wien 1978. S. 116.
7 Ebd., S. 159–161.
8 Verena Kast: Imagination als Raum der Freiheit. Olten 1988, S. 95–104, 109–117.
9 Karlfried Graf Dürckheim: Der Weg, die Wahrheit und das Leben. Bern, München 1981, S. 167ff.
10 Verena Kast: Imagination als Raum der Freiheit. S. 139.
11 Karlfried Graf Dürckheim: Meditieren – wozu und wie. Freiburg i. Br. 1976. S. 179–181.
12 Fritz Riemann: Grundformen der Angst. München, Basel 1982. S. 11–16, 18–19.

Bibliographie

Bitter, Wilhelm (Hrsg.): Meditation in Religion und Psychotherapie. Stuttgart 1973.
Boeckel, F. Johannes: Meditationspraxis. München 1977.
Dürckheim, Karlfried Graf: Der Weg, die Wahrheit und das Leben. Bern, München 1981.
Dürckheim, Karlfried Graf: Hara. Bern, München 1978.
Dürckheim, Karlfried Graf: Meditieren – wozu und wie. Freiburg i. Br. 1976.
Kast, Verena: Imagination als Raum der Freiheit. Olten 1988.
Lazarus, Arnold: Innenbilder. Imagination in der Therapie und als Selbsthilfe. München 1980.
Riemann, Fritz: Grundformen der Angst. München, Basel 1982.
Rittelmayer, Friedrich: Meditation, Stuttgart 1959.
Schwäbisch, Lutz / Siems, Martin: Selbstentfaltung durch Meditation. Hamburg 1976.
Steffen, Uwe: Drachenkampf. Stuttgart 1984.
Tietze, G. Henry: Imagination und Symboldeutung. Genf, München 1986.

Adressen von Informations- und Therapiezentren

Arbeitsgemeinschaft für Katathymes Bilderleben und imaginative Verfahren in der Psychotherapie (AGKB) e.V. mit Institut
1. Vorsitzender: Dr. med. E. Wilke
Sekretariat: Friedländerweg 30
D-37085 Göttingen
Tel. (05 51) 4 67 54

Mitteldeutsche Gesellschaft für Katathymes Bilderleben und imaginative Verfahren in der Psychotherapie (MGKB) e.V. mit Institut
1. Vorsitzender: Doz. Dr. phil. habil. H. Hennig
Sekretariat: Wittekindstraße 17
D-06114 Halle/Saale

Österreichische Arbeitsgemeinschaft für Katathymes Bilderleben (ÖAGKB) in der Österreichischen Gesellschaft für Autogenes Training und allgemeine Psychotherapie
Präsident: Dr. med. E. Bölcs
Sekretariat: Testarellogasse 31/13
A-1130 Wien
Telefon (02 22) 8 77 04 61
Fax (01) 877 70 13

Schweizer Arbeitsgemeinschaft für Katathymes Bilderleben (SAGKB)
Präsident: Dr. med. J.W. Roth
Sekretariat: Bremgartenstraße 115
CH-3012 Bern
Telefon (vormittags) (031) 301 74 95

Stichting ter bevordering van Symbooldrama Nederland
1. Vorsitzender: Dr. med. S. G. Lange
Sekretariat: T. Bakker-van Zeil
Wilhelminastraat 67
NL-2411 CX Bodegraven
Telefon (0 17 26) 1 40 28

Svenska föreningen för Symboldrama (SFS)
Präsidentin: I. Ösby-Jonasson, Dipl.-Psych.
Sekretariat: H. Karlsson
Korngatan 3
S-76100 Norrtälje

C. G. Jung Institut
Hornweg 28
CH-8700 Küsnacht bei Zürich
Telefon (01) 910 53 23